Isaac Gastfreund

Mohamed nach Talmud und Midrasch

Isaac Gastfreund

Mohamed nach Talmud und Midrasch

ISBN/EAN: 9783744657815

Hergestellt in Europa, USA, Kanada, Australien, Japan

Cover: Foto ©Lupo / pixelio.de

Weitere Bücher finden Sie auf **www.hansebooks.com**

Mohamed

nach

Talmud und Midrasch.

Kritisch-historisch

bearbeitet

von

Dr. J. Gastfreund.

> Wie beim Anatomen unter dem wissenschaftlichen Interesse alle Gefühle schweigen und er nur einen Gegenstand des Forschens im Leichnam sieht, so verschwinden auch Haß und Liebe für historische Persönlichkeiten, wenn wir einen höheren Zweck im Auge haben. (Sprenger: Das Leben und die Lehre Mohameds. I. S. 9.)

I. Abtheilung.

Berlin 1875.
Louis Gerschel, Verlagsbuchhandlung,
Wilhelmstraße 32 SW.

Inhaltsverzeichniß.

I. Mohameds Offenbarungen.
II. Moses und Mohamed.
III. R. Jehuda und Mohamed.
IV. Mohamedanische Geschichten.
V. Schlußbetrachtung.

Den
verdienstvollen Herren

Curatoren

insbesondere

dem hochgeehrten Präsidenten

Herrn

Professor Dr. M. Lazarus

wie auch

dem geehrten

Lehrer-Collegium

der Hochschule für die Wissenschaft des Judenthums

in

Dankbarkeit und Hochachtung

gewidmet

vom

Verfasser.

Einleitung.

Der Islam ist unter allen Religionen diejenige, welche, am hellen Tage der Geschichte entstanden, der wissenschaftlichen Forschung am meisten offen liegt. Es haben daher seit einer langen Reihe von Jahren gelehrte Männer die Anfänge des Islams zu ihrem Studium gemacht, so daß man heute fast alle Entstehungsmomente der mohamedanischen Religion kennt.

Fest steht: Der Stifter des Islams hat seine Lehre hauptsächlich dem Judenthume entnommen[1]). Nöldeke (Zeitsch. d. deutsch. morgl. Gesellsch. 1858. S. 699.) führt sogar den Beweis, daß selbst der an sich nicht bedeutende Einfluß des Christenthums auf Mohamed, diesem durch jüd. Vermittlung geworden; denn „alle Thatsachen beweisen," sagt Sprenger (ibid. I. S. 16—17.), „daß die Araber

---

[1]) Folgende Thatsachen bestätigen die Worte Nöldeke's (Das Leben Mohamed's S. 59.), daß Mohamed in der ersten Zeit seines öffentlichen Auftretens sich häufig mit jüd. Gelehrten in religiöse Disputationen einließ, beständig mit Juden verkehrte, selbst die Synagogen (bait-almidrâs bêt-hamidrasch) besuchte.

Wenn ein jüd. Lehrer Abdallah-Ibn Salam dem Mohamed drei Fragen vorlegte, um ihn über sein Prophetenthum zu prüfen, von deren richtiger Beantwortung er so betroffen war — und ähnlich war auch bei der von zwei Juden an ihn gerichteten Frage der Fall gewesen (vergl. Sprenger ibid. III. S. 482 Anm. 1. u. S. 254) — daß er ihn als einen Propheten anerkannte (Weil: Das Leben Mohamed's S. 93. Anm. 120.) so vermag dies Mohamed wahrscheinlich nur unter dem Beistande eines jüd. Mentors — da sich dieselben drei Fragen und deren Beantwortung im Talmud finden:

    I. In welchem Falle nimmt das neugeborene Kind das Geschlecht des Vaters, in welchem das Geschlecht der Mutter an? — deren Lösung Nidda 31. a. giebt.

    II. Was wird den Frommen im Paradies zur Speise vorgesetzt? — worauf B. Batra 74. a. Antwort ertheilt.

    III. Welches ist das Zeichen des jüngsten Tages? — worüber Sanhedr. c. XI. Aufschluß gewährt.

Ja, wenn ein Knabe auf Mohameds Aufforderung ihn anzuerkennen geantwortet haben soll: „Ich bezeuge, daß du ein Bote für die Heiden bist." (Sprenger ibid. III. S. 31 und 36.) so war es gewiß ein jüd. Knabe, dem

das Christenthum nicht liebten, während das Judenthum ihnen zusagte."

Da nun Geiger [2]) alles Dasjenige, was sich erst bei einer späteren Ausbildung des Islams festgesetzt, wovon in Korân aber noch keine Spur anzutreffen ist, von seiner Untersuchung ausdrücklich ausschließt und Nölbeke (Gesch.d. Korân. S. 5. Anm. 2.) bereits erklärte, daß es zu wünschen wäre, die scharfsinnigen Untersuchungen Geiger's wieder aufzunehmen, so biete ich zunächst ein neues Material zur evidenten Beweisführung der bestehenden Behauptungen und beweise, durch eine Reihe von Parallelstellen zwischen Mohameds Lehre und der jüd. Literatur — wobei einzelne Mängel in dem System des Propheten näher beleuchtet werden sollen — wie die Anhänger Mohameds sogar sein Bild nach jüd. Sagen ausgemalt haben und weßwegen dieser Umstand für mich unzweifelhaft ist, daß diese Anhänger nur im Geiste ihres Meisters gehandelt haben, woraus sich mittelbar neue Gesichtspunkte eröffnen werden.

---

der talm. Ausspruch bekannt war, daß ein Prophet wie Moses zwar nicht mehr unter den Juden wohl aber unter den Heiden auftreten könne. (Rab. Num. c. 14.) Und um dessen Lehrsätze zu widerlegen, mußten auf die Einladung der Koraysichten, Juden von Medina herbeikommen (vergl. Nöldeke: Geschichte d. Korân S. 125. u. Sprenger ibid. II. S. 404. Anm. 1. u. S. 479.)

Aber wenn die Juden von Chayber*) dem Mohamed sogar einen Ehebruch zur Aburtheilung vorlegten — wahrscheinlich der talm. Gutheißung gemäß, daß ein Prophet berechtigt sei, schwierige Probleme zu lösen (Pesachim 70. a.) — obschon dessen Urtheil von den Rabbinen nicht gebilligt ward (Sprenger ibid. III. S. 37.), so bereiteten jene Israeliten, wie Sprenger sagt (ibid. II. S. 375.), die Mohamed als Propheten ausriefen, ihrer Nation das Schicksal einer Henne, die Falkeneier ausbrütet." — Nicht einmal die Anhänger der Religion der Nächstenliebe, sagt Nöldeke (Das Leben Mohameds S. 123.) sind grausamer gegen das auserwählte Volk gewesen als Mohamed und seine Nachfolger, wiewohl selbst die Moslime es nicht leugnen können, daß die Juden mit freudigem Muth für ihren Glauben starben!

*) Nebenbei sei hier bemerkt, daß, wie zur Zeit als Mohamed die Juden in Chayber besiegte und beraubte, man ein Geschmeide fand, welches 10.000 Dynare geschäzt wurde und welches die Frauen von Chayber sich zu borgen pflegten — versteht sich gegen Bezahlung — wenn sie Hochzeit machten (Sprenger ibid. III. S. 274.), auch noch heute, wenn auch in einer ganz anderen Gegend, jüd. Frauen ein sogenanntes — wenn auch ungleich weniger kostspielig als das genannte arab. Geschmeide — „Stirnbinde" gegen Bezahlung, wenn Hochzeit oder sonstige Festlichkeit stattfindet, borgen.

[2]) Der Vorwurf Mohameds: die Juden hätten Propheten (Wohlgemerkt im Plural!) umgebracht, ist durchaus nicht mit Geiger (Was hat Moh. aus dem Judenthum aufgenommen? S. 198) auf Jesus schlechthin zu beziehen, sondern auf die jüd. Sagen, daß die Israeliten die Propheten: Jesaia (vergl. Jebamot 62. b.) und Sacharia (vergl. Gittin 56 b.) getödtet hätten.

I.
Mohameds Offenbarungen.

Wenn Mohamed seinen Herrn anfangs nur selten, vielleicht gar nicht Allah nannte (Sprenger ibid. I. S. 254), so mag diese Scheu daher rühren, weil er gehört haben mochte, daß der שֵׁם הַמְפֹרָשׁ der eigentliche Name Gottes, unaussprechbar sei.

Legt der Korân viel Gewicht auf das Beten, so sagte ja ein jüdischer Lehrer: „O! könnte man den ganzen Tag ununterbrochen beten!" (Barachot 21 a. Pesachim 54 b). Die Agada läßt nicht allein die Gottheit selbst als einen Vorbeter im Talar erscheinen, um dem Moses die Weise zu zeigen, durch welche Sündenvergebung bewirkt wird (Rosch-Haschana 7 b), sondern sie läßt sogar die Gottheit selbst beten. (Barachot 7. a.) Nicht allein dem Beten des Mannes wird das Wort geredet (vergl. (Taanit 2. a, Barachot 33.a.), sondern dem Weibe sogar, welches doch sonst von vielen Pflichten befreit ist, wird das Beten auferlegt. (Barachot 20. a.) Demgemäß legte Mohamed jeder Gemeinde die Pflicht auf, einen Vorbeter anzustellen, der zugleich die Gläubigen unterrichten solle. Das Amt des Vorbeters blieb längere Zeit eine Sache der Ehre, und nur dann, wenn ein Vorbeter arm war, konnte derselbe durch Geldspenden unterstützt werden. Erst 641. wurde von Omar I. die regelmäßige Besoldung des Vorbeters eingeführt. (Sprenger ibid. III. S. 356.) Auch im Talmud wird ausdrücklich erwähnt, der Lehrer solle ohne Besoldung die Gemeinde unterweisen und nur im Falle, wo sein Erwerb anderweitig litte, eine Entschädigung zu beanspruchen haben. (Nedarim 37. a.) Heißt es ferner, Mohamed über den Unterschied zwischen dem Beten zu Hause und im Bethause befragt, habe die Antwort ertheilt, daß er vorziehen werde, zu Hause zu beten, wenn der Besuch des Bethauses nicht vorgeschrieben wäre (Sprenger ibid. I. S. 328), so halte ich dagegen die talm. Behauptung, das Beten in der Versammlung sei gottgefälliger als das Alleinbeten (Barachot 6. a, 7. a), denn die Wirkung vieler Beter sei größer als die eines Einzelnen. (Aboda Sara 4. a) Ich muß hier den Zusammenhang unterbrechen, um einige Bemerkungen einzuschalten, welche für die folgenden Parallel= stellen von Wichtigkeit sind. Es handelt sich um ein wichtiges Moment bei Mnhameds Auftreten zur Aufklärung mancher Wider= sprüche in dessen Offenbarungen. Mohamed hat bekanntlich manche Elemente des arabischen Heidenthums in seine Religion aufgenom= men. Unter diesen Elementen mögen sich vielleicht bereits einige jüdische Bräuche eingeschmuggelt haben, die allmählich seit früher Zeit noch unter den heidnischen Arabern heimisch geworden waren ³).

Denn die Sprache der arabischen Juden, wie Nöldeke sagt, (Zeitschrift d. deutsch. morgl. Gesellsch. 1858. S. 707) war nicht — wie das jüd=deutsch — ein Kauderwelsch [أحمد] und nicht, als ein Kennzeichen der Entfremdung bei den Volksstämmen, merklich von der allgemeinen Landessprache unterschieden. Die Juden waren den Arabern in den meisten Dingen so weit voraus, daß diese sie, so oft sie in Zweifel geriethen, zu ihren Gewissensräthen machten (Sprenger ibid. III. S. 29—30)⁴). Noch vor der Zeit des Islams sollen zwei Rabbinen, die ein Oberkönig von Jemen bei sich hatte, ein heidnisches Heiligthum zerstört haben. (de Perceval: Essai sur l'histoire des Arabes I. p. 92 u. 109.) Mag auch der Einfluß der Juden in Jemen auf die Araber des mittleren Landes gering gewesen sein, so bekehrten sich doch eine nicht un= bedeutende Anzahl von Arabern zur mosaischen Religion (Spren-

---

³) Vielleicht deßhalb weil die heidnischen Araber, deren religiöser Grund= charakter, wie überhaupt der des ganzen vorderasiatischen Heidenthums, auf der Stufe des Gestirndienstes stand (Osiander in der Zeitschr. der deutsch. morgl. Gesellsch. VIII. S. 467.) bei den Juden, bei denen der Glaube an die Ein= wirkung des Geburtsgestirnes auf das menschliche Leben (Barachot 7. b., 64. a.; Taanit 28. a. 21. a., Nedarim 40. a) und an den Einfluß der Gestirne auf das eheliche Bündniß (Barachot 8. b., Joma 28. b.) nicht fremd war, bei denen dem Bräutigam bei seiner Hochzeit das Horoskop gestellt ward (Rab. Exod. c. 20.) Anklänge für ihre religiösen Anschauungen zu finden glaubten. Jedenfalls bleibt es beachtenswerth, daß, wiewohl schon der weise Thales, der bereits über tausend Jahre vor dem Abschluß des Talmuds lebte, das Eintreffen einer Sonnenfinsterniß im Voraus berechnete, wahrscheinlich weil er dieselbe als eine natürliche Erscheinung ansah, der Talmud (Succa 29. a.) wie selbst noch das Mittelalter, jede Sonn= und Mondfinsterniß als eine beängstigende Vorbedeutung der einzutreffenden Bestrafungen auffaßte.
⁴) Selbst die Juden sind bis auf ihre religiöse Ueberlieferung völlig zu Arabern geworden. (Nöldeke, das Leben Mohameds S. 2.) Zu ihrer geisti= gen Ueberlegenheit, welche ihnen ihre literarische Tradition über die Araber gab, mag man ihre Gelehrsamkeit auch noch so' gering anschlagen, kamen noch kriegerischer Muth und andere Eigenschaften, durch die sie sich nach der wun= derbaren Weise aller Juden ihren Nachbaren assimilirt hatten, ohne ihre Eigenthümlichkeit aufzugeben. (Nöldeke Gesch. S. 124.)

ger ibid III. S. 8.) Ja eine frappante Verwandtschaft der Vorstellungen weist darauf hin, daß jüdische Anschauungen noch bei den heidnischen Arabern Eingang fanden, woher die, zwar fabelhafte, Sage herrührt, daß der jüd. Fasttag am Versöhnungstage schon bei den heidnischen Mekkanern bestanden habe. (Nöldeke Gesch. S. 132. Anm. 5.)

Im Talmud wird die Frage aufgeworfen: „Wozu besucht man die Gräber der Todten?" Der Eine antwortet; „Damit man sich erinnere, wie mit dem Tode Alles aus sei." Der Andere sagt: „Damit die Verstorbenen sich für die Lebenden interessiren." (Taanit 15. a.) So glaubten auch manche arabischen Heiden, daß mit dem Tode jeder Verkehr mit dieser Erde abgebrochen sei; andere dagegen, welche an die Auferstehung — wenn vielleicht nicht im jüd. christ. Sinne — glaubten und ein künftiges Leben ahnten, meinten, daß die hingeschiedenen Seelen sich noch um die Ihrigen bekümmern (vergl. de Perceval ibid III. p. 323—324.)

Mohamed, der, nicht allein, bei seiner Ankunft in Medina dem jüdischen Glauben Rechnung trug, (Sprenger ibid. III S. 20 bis 25) ließ die bereits eingedrungenen [5]) jüdischen Anschauungen

---

[5]) Wenn das arab. Heidenthum die Genien die Töchter Allah's nannte, ist diese religiöse Mythe — Sprenger (ibid. I. S. 15.) denkt an den Einfluß der christl. Lehre, von Gottes Sohn — nicht vielleicht aus der jüd. Legende entstanden, derzufolge die Genien von Adam herstammen? — (Erubin 18. a., Rab. Gen. 20. 24) Schon in der Agada spielt die Engel-Hierarchie eine nicht geringe und unbedeutende Rolle. Sie nimmt unter den Engeln einen Fürsten der Welt (Jebam 16. b.), der Winde (Sanhedr. 94. a.), des Meeres (B. Batra 74. a., Jeruschalmi Sanhedr. c. 7. 8.), des Feuers (Pesachim 118. a), der zugleich das Reifen der Früchte vollzieht (Sanhedr. 95. a.), der Hölle (Sanhedr. 52. a., Chagiga 19. a.), des Regens (Joma 20. a.), der Hitze und Kälte (Sanhedr. 108. a.), der Schwangerschaft (Niddah 17. a.), der Armuth (Pesachim 111. a), der Hofkanzlei Gottes (Barachot 51. a.) an und behauptet schließlich, jeder Grashalm habe einen besonderen Engel (Rab. Gen. c. 10, Rab. Esther c. 3.). Aber noch mit einer andern Art von Wesen, die allerdings eine niedere Stufe als die Engel einnehme, treibt schon die Agada ihr Spiel. Sie rüstet ein Heer von Ginn aus, deren Zahl, da sich unter ihnen männliche und weibliche befinden (Gittin 68. a.), die sich gleich den Menschen vermehren (Chagiga 16. a., Ab. d. R. Nat. c. 37.) so außerordentlich groß sei, daß, vermöchte man die zu sehen, so könnte man vor ihnen nicht bestehen. (Barachot 6. a., Tanchuma Mischpatim.)

Einige, heißt es, tummeln sich vorzugsweise bei Nacht herum, gegen welche besondere Lieder (Schebuot 15. b.) und das Schema-Gebet schützen (Barachot 5. a.). Mit Ginn verkehrten, auch in freundlicher Beziehung, die Amoräer (vergl. Pesachim 109. a.). Ein Amoräer hielt sich sogar einen Ginn zum Bedienten. (Chulin 105. b.)

Dieses zwiefache Heer von Geistern hat Mohamed für seine Söhne der Wüste in Anspruch genommen; wie die Agada (vergl. Posachim 118 b.) so läßt auch Mohamed nicht allein in der Schlacht bei Badr sondern auch in anderen Gefechten höhere Wesen für seine Gläubigen kämpfen (Sprenger ibid. III. S. 128. Anm.)

entweder unbeschränkt gelten, oder nahm wenigstens auf sie Rück=
sicht (vergl. Sprenger ibid. III. S. 46 Anm.), wozu ihn die
sporadische Verbreitung des Judenthums in Süd= und Nord=
Arabien bestimmte (Sprenger ibid. III. S. 528.)
Nirgends wird im Korân ausdrücklich gesagt, man solle fünf=
mal des Tages beten (vergl. Sprenger I. S. 325.), weil wahr=
scheinlich ein derartiges Gebot aus jüdischen Kreisen — woher
auch bei allen orientalischen Christen bestimmte horae bestanden,
die mindestens die Geistlichen einhalten mußten — den heidnischen
Arabern geläufig war. Ebenso wenn Mohamed sagt: (Sura 2.
v. 119.): „Wählet irgendwo in dem maqâm Ibrâhim einen Ort
zum Gebet!" oder (2. v. 20): „Wer in maqâm Ibrâhim eingeht, ist
sicher gegen jede Gefahr!" so giebt diese Ermahnung durchaus kei=
nen Sinn, sobald man nicht annähme, daß die talm. Aussage:
„Wer einen maqâm (einen Ort) zum Beten bestimmt, dem wird
der Gott Abrahams zu Hülfe sein." (Barachot 5. a.) in heidnisch=
arabischen Kreisen bereits bekannt war, auf welche Mohamed Be=
zug nahm und sie blos andeutete.

Wenn Mohamed kurz vor seinem Tode den Todtenacker be=
suchte und da eine kurze Anrede an die Verstorbenen hielt (Nöldeke das Leben Moh. S. 177.), so besuchten auch die Juden die
Gräber der Todten mit besonderer Pietät (Barachot 18. a.) Man
glaubte sogar, man könne durch den dort weilenden unreinen
Geist die Zukunft erfahren. (Sanhedr. 45. a.)

Als nach der großen Schlacht bei Badr der Prophet vor dem
Brunnen stand, in welchen die Todten geworfen wurden, sprach er die
Todten mit diesen Worten an: „Ist in Erfüllung gegangen, was
Euer Herr verheißen hatte?" Und als die Anwesenden fragten:
„Hören denn die Todten?" erwiderte jener: „Allerdings; aber sie
antworten nicht" (Sprenger ibid. III. S. 125 Anm. 1.) Und ein
Jude, der vor einer Leiche vorüberging, soll gesagt haben: O!
Mohamed! spricht diese Leiche? (vergl. Geiger ibid. S. 22 Anm.)
Entspricht dies nicht der talm. Behauptung, daß zwischen den
Frommen, die dahin geschieden sind, und den noch Lebenden kein
Unterschied [6]) obwalte? (vergl. Barachot 59. a. Rab. Gen. c.

---

[6]) Wenn diesem Ausspruche ein anderer zu widersprechen scheint, dem=
zufolge nämlich nur innerhalb der ersten 3 Tage nach dem Verscheiden die
Seele den Körper nicht verläßt (Jeruschalmi Moed Katan c. 3. Rab. Levit.
c. 18.) so ist — nach meinem Dafürhalten — zu beachten, daß diesem letzteren
eine durch die Erfahrung gewonnene Thatsache zu Grunde liegt, nach welcher
noch längere Zeit nach einem scheinbar eingetretenen Tode dem Körper die
Empfänglichkeit für Sinneseindrücke eigen ist. Wohlgemerkt! Wie manche
noch heute bestehende Ansicht ist schon im Alterthum bekannt gewesen! Schon
im Alterthum mag die Ansicht bereits geherrscht haben, daß der Scheintod
drei Tage andauern könne, womit auch der Umstand übereinstimmt, daß man
während der drei Tage nach dem Hinscheiden nach dem Begräbnißorte hinaus=

39. Rab. Kohelot c. 9.) Dem Todten, heißt es ferner, (Jeruschalmi Aboda Sara c. 3. 1.) fehlt nur die Fähigkeit zum Sprechen, sonst hört er, alles das, was über ihn zum Guten gesagt wird, wie in einem Traume. Demnach nimmt Mohamed an dem Geschicke derjenigen die auf seinem Grabe beten, angelegentlich Theil (Gagnier la vie de Mohamed II. p. 388). Da aus der jüdischen Sage, daß, wie der Patriarch Jakob (Taanit. 5. a.) auch Moses nie gestorben wäre (Sota 13. a.) die mohamedanische Behauptung entstand, der Prophet lebe im Grabe noch fort (Gagnier ibid. II. p. 387.).

Noch ein anderes Moment ist bei Mohameb's Offenbarungen zu berücksichtigen. Es ist bereits von Nöldeke (de Origine ect. p. 13) nachgewiesen worden, daß Mohamed, wenn er auch schreiben und lesen konnte, nicht in eigener Person die jüdischen Schriften gelesen hat, weßhalb er auch nach Hörensagen Vieles umgeändert hat (ibid p. 16.) Wenn Sprenger (ibid. III. S. 181.) der Ansicht ist, daß nicht-jüdische Gelehrte, obwohl sie häufig mit den Juden in Berührung kommen, doch blutwenig von ihren Glaubensgrundsätzen wissen, so mag dies von Mohamed, trotz seines ausgebreiteten Verkehrs mit Juden, in demselben Maße gelten.

Oft ist es ihm begegnet, was sich mit den Juden selbst im Mittelalter ereignet hat. Wie oft wurden die Juden in ihrer Gesammtheit als eine Körperschaft eines religiösen Bekenntnisses verantwortlich gemacht für das Vergehen, welches sich ein einzelnes Individuum hatte zu Schulden kommen lassen. Wie oft wurde der ganze Talmud, als wäre er von einem Verfasser für einen anstößigen Ausspruch verantwortlich gemacht, während in der unkritischen Zeit von jüd. Kreisen selber der ganze Talmud als solcher, ohne Rücksichtnahme auf die einzelnen Lehrer oder Erzähler, als ein Ganzes fast mit gleicher Pietät heilig gehalten wurde.

Mohamed mochte gewiß davon gehört haben, daß die Juden alles Ueberlieferte oder Erzählte, eben weil es im Talmud oder Midrasch steht, als glaubwürdig und heilig halten. Daher nahm er selbst das Gehörte, ohne Rücksicht, ob es von verschiedenen Lehrern herrührte, bereitwillig auf und trug es als Offenbarung seiner gläubigen Heerde vor [7]).

gehen solle, um die Todten zu beschauen (Samachot c. 8.). Vielleicht lehrte schon in alter Zeit die Erfahrung, daß der Scheintod auch noch länger als drei Tage andauern könne, welche Ansicht in neuerer Zeit nachdrucksvoll hervorgehoben worden ist (vergl. Denkschrift über die Nothwendigkeit einer gesetzlichen Einführung von Leichenhäusern von Fr. Kempner.)

Aus dieser natürlichen Erfahrung mag sich die Meinung gebildet haben, die Todten hören zwar, doch können sie nicht sprechen.

[7]) Wie denn der ganze Koran mehr den Eingebungen der jedesmaligen Zeitumstände, als einem festen Systeme folgt. (Nöldeke Gesch. S. 126.)

Das dies der Fall gewesen, wird umso einleuchtender, wenn man bedenkt, daß Mohameds Schreiber auf den ausdrücklichen Wunsch seines Herrn die hebräische Sprache erlernte, damit er die Briefe der Juden vorlesen könne. (Sprenger ibid. III. S. 39. Anm. 1.) Daß Mohamed ferner v i e l e Lehrer gehabt, ist auch daraus zu ersehen, daß die mohamedanischen Exegeten über den, der nach dem Vorwurfe seiner Feinde ihn unterrichtet habe, nicht übereinstimmen (Sprenger ibid. II. S. 388.)

Demnach wird es erklärlich, wenn Mohamed, auf eine höchst anthropomorphistische Weise in mehreren fast gleichzeitigen Offenbarungen von der Allwissenheit Gottes spricht, während ihm dunkel die Unmittelbarkeit seines Wirkens vorschwebte. — (Sprenger ibid. I. S. 254.) [8])

Während nämlich ein jüdischer Lehrer in Babylon meinte, die Vermittlung der Engel zwischen Gott und dem Menschen, die die Gebete der Menschen befördern, zugeben zu können (Sabbat 12 a. Sanhedr. 44. a.) verwarf ein anderer jüdischer Lehrer in Palästina jede Vermittlung (Jeruschalmi Barachot c. 9. vergl. Rab. Deuter. c. 2.) Die Behauptung, daß die Engel Gottes Thron tragen und um denselben herumstehen, Gott lobpreisen und für die Gläubigen Verzeihung erbitten, welche Behauptung Sprenger (ibid.), als der reinen Lehre Mohameds widersprechend, christlichem Einflusse zuzuschreiben geneigt ist, hatte Mohamed wahrscheinlich von seinem jüdischen Mentor erhalten, der wohl wußte, daß die Engel Gottes Thron umgeben (Ab. d. R. Nat. c. 7. u. 37.) und ihn lobpreisen (Chagiga 13. a. Chulin 91. b.)

Wenn ferner im Korân bald die Möglichkeit des Erlauschens der Ginn an den Thron des Himmels in Abrede gestellt (Sura 26. v. 212.), bald wiederum eingeräumt wird. (ibid. v. 223.) so ist dieser scheinbare Widerspruch vermuthlich auch auf die verschiedenen Aussagen jüdischer Lehrer zurückzuführen (vergl. Barachot 18. b.)

Kehren wir nun zu den einzelnen Offenbarungen zurück, so gewinnen wir einen tieferen Einblick in deren Wesen, wenn wir

---

[6]) „Wir müssen bedenken", sagt Nöldeke (Gesch. S. 91.) „daß der Korân hauptsächlich für Hörer, nicht für Leser berechnet war, daß Manches, was uns langweilig vorkommt, weil wir es schon oft gelesen, auf den Zuhörer einen ganz anderen Eindruck machte, selbst wenn ihm der Gegenstand schon bekannt war." Mag auch Nöldeke (ibid. S. 126. Anm. 1.) Recht haben, daß die Widersprüche, die der nicht zum Gesetzgeber geschaffene, nicht von „ira" und noch weniger von „studium" freie Prophet nicht vermeiden konnte. dadurch sich erklären, wenn sich manche Verordnungen und Befehle auf die häuslichen Angelegenheiten des Propheten beziehen, so beruht die Verschwommenheit und Unklarheit größtentheils nur auf einer Zusammenhaltung oder Verschmelzung zweier verschiedener, ja entgegengesetzter, jüd. Anschauungen.

zugleich Mohameds Sitten und Bräuche, die über ihn erzählt werden, einer näheren Betrachtung unterziehen. — Denn bei einem Gottesgesandten, der auf Schritt und Tritt von Gabriel geleitet und belehrt wurde, ist es ja mit Recht vorauszusetzen, daß er alle seine Gewohnheiten nur auf des Engels Geheiß angenommen habe. Nicht gering wird daher unser Erstaunen sein, wenn wir überzeugt werden, daß Mohamed, wiewohl dessen Genie, Eifer und Ausdauer Niemand leugnen wird (Sprenger ibid. II. S. 404.) auch seine einzelnen Eigenthümlichkeiten, den jüdischen Lehrern entlehnt hat! —

In Betreff der Waschungen, welche in so streng bestimmten Formen vorgenommen werden mußten, daß sie selbst den Moslimen sonderbar vorkamen (Sprenger ibid. I. S. 324.) hatte Mohamed wahrscheinlich jüd. Männer befragt, da nach dem Talmud (Jebam. 62. a.) Vernachlässigung im Waschen durch Verarmung gesühnt werde, und ein jüd. Lehrer, weil er sich nach dieser Richtung gleichgültig verhielt, in den Bann gethan wurde. (Barachot 19. a. vergl. Edijot c. 5.) Daher gestattet Mohamed, eben dem Talmud (Barachot 22. b.) gemäß, daß im Falle des Wassermangels die Ablution durch Reiben der Hände mit Sand verrichtet werden könne. (Sura 4. v. 46.)

Wenn der Prophet auf seiner Wallfahrt in Mekka s i e b z i g Kameele, zum Opfer bringt (Sprenger ibid. III. S. 247.), dann erscheint diese Handlung als eine Nachahmung der jüdischen Sitte, auf der Wallfahrt in Jerusalem ebenso viele, nämlich siebzig, Opfer zu bringen, (Succa 54. a.) Mohameds Behauptung, daß die wahre Religion nur zu Medina sei (Gagnier ibid. II. p. 402.) ist nur eine Uebertragung der Ausschließlichkeit, die die jüdische Ansicht in Bezug auf Palästina beansprucht (vergl. Pesachim 110. b., 113. a. Kethubot 110. b., 111. b. Jeruschalmi Sabbat c. 1. Jerusch. Schekalim Ende c 3 und Abot d. R. Nat. c. 26.) Auch wenn er die Märtyrer beßwegen so hochpries, weil sie stets den höchsten Rang bei Gott einnehmen (Gagnier ibid.), entspricht dies dem talm. Ausspruche, daß die Märtyrer die höchste Stellung bei Gott einnehmen, (Pesachim 50. a.) Wenn der Prophet gesagt haben soll, daß Gott allein von den Schlüsseln der Geheimnisse weiß, wann die Auferstehungszeit kommt, wann es regnen und was das Weib gebären wird (Sprenger ibid. II. S. 349 Anm.), so ist dies gewiß aus jüd. Kreise (vergl. Sanhedr. 113. a.) entlehnt. Ein Wort Mohameds heißt: „Für jedes Uebel hat Gott ein Heilmittel." (Gagnier ibid. II. p. 408.) Ein jüdischer Lehrer sagt aus: „Gott hält für jede Wunde die Heilung bereit." (Megilla 13. b.) Wenn Mohamed lehrt, daß der menschliche Körper aus 360 Gliedern und 360 Muskeln bestehe, wonach der Mensch verpflichtet sei, an jedem Tage Gutes zu thun (Gagnier ibid. II.

p. 408), so besagt ein talm. Ausspruch, 365 Verbote nach der Zahl des Sonnenjahres und 248 Gebote nach der Zahl der menschlichen Glieder seien dem Moses am Sinai offenbart worden. (Makkot 23. b.)

Das Gewicht, welches Mohamed auf eine anständige Kleidung legte (Gagnier ibid. II. p. 323.), stimmt mit der talm. Vorschrift überein: „Ein Lehrer darf sich nicht mit geflickten Schuhen und in schmutzigen Gewändern sehen lassen." (Sabbat 114. a.) So oft der Prophet ein neues Kleid anzog, pries er Gott (Weil ibid. S. 347.) der talm. Vorschrift gemäß: „Wer ein neues Haus baut oder neues Geräth sich anschafft, der preise dafür Gott, daß er ihn ernährt, erhalten und gelangen ließ bis zu dieser Zeit." (Barachot 59. b.) Am Ruhetage (also am Freitag) wechselte Mohamed seine Wochenkleider (Gagnier ibid. II. p. 361.) dem jüd. Gebote zufolge, daß man am Sonnabend andere Kleider als an Wochentagen tragen müsse. (Sabbat 113 a.) Er schlief am Anfange der Nacht, stand dann auf und betete; am frühen Morgen verrichtete er das Witre (das Gebet zu Ende der Nacht.) (Sprenger ibid. I. S. 327) welche Sitte die jüd. Sage dem Könige David zuschreibt (Barachot 3. b.) Ward er von etwas Angenehmen überrascht, so sagte er: „Gepriesen sei Gott, der Herr alles Geschaffenen!" Widerfuhr ihm ein Unglück, so war sein Wahlspruch: „Gepriesen sei der Herr in jedem Zustande." (Weil ibid. S. 344.) einem jüdischen Gebote entsprechend, daß man Gott sowohl für das Gute, als auch für das Mißgeschick zu preisen habe (Barachot 75. b.) Führte Jemand in Mohameds Umgebung einen unschönen Namen, so änderte er denselben um. (Weil ibid.) Auch einem jüd. Lehrer war unschöne oder zweideutige Namen ein böses Omen (Joma 83. a.) welche Ansicht sich auch bei heidnischen Völkern findet, daß man nicht allein der Bedeutung der Namen eine wichtige Rolle beilegte (vergl. Tacitus Histr. libr. IV. c. 5. 3), sondern daß man einen Glück bedeutenden Namen sehr hoch hielt, umgekehrt wieder einen unangenehme Dinge anzeigenden Namen verabscheute (vergl. Hist. nat. lib. XXXVIII. c. 2 u. Suet. l. c.)

Der Stifter des Islams ertrug jede Zurücksetzung mit Geduld (Gagnier ibid. II. p. 323.) — natürlich so lange er noch keine Macht hatte — welche Tugend wahrscheinlich aus der talm. Verheißung: Wer Beleidigungen stumm erträgt, Verleumdungen kaltblütig erduldet und unbeirrt seinem Berufe folgt, von dem heißt es, daß seine Anerkennung wie Sonnenglanz strahlen werde." (Sabbat 88. b.), von Mohameds Anhängern auf ihn übertragen wurde. Wenn Mohamed ferner sein Haupt nicht stolz gen Himmel hob, sondern das Angesicht zur Erde wendet, einherging, (Gagnier II. p. 314.), so folgte er dem talm. Berichte: „Nicht einmal vier Ellen weit ging ein Lehrer mit stolz emporgerichteten

Haupte dahin". (Kidduschin 31. a.) Dagegen scheute er vor keinem Mittel zurück, galt es sich eines Mannes zu entledigen, der ihn schlecht behandelt oder gar ungerechterweise beschuldigt hatte. (Gagnier ibid.) So aber schreibt der Talmud vor: „Ein Lehrer darf es durchaus nicht unterlassen, das ihm zugefügte Unrecht zu rächen". (Joma 23. a.) Er freute sich über denjenigen, welcher die trabirten Schriften, mit besonderer Heilighaltung, nur an passenden Orten las und haßte denjenigen, welcher dieselben an schmutzigen und unreinen Plätzen studirte. (Gagnier ibid.) Stimmt dies nicht mit dem talm. Verbote überein, daß man nicht an unreinen Orten über die h. Lehre nachdenken soll? — (Megilla 28. a. Taanit 20. b.) Schon Moses soll auf den Ort Bedacht genommen haben, als er in der durch Götzen und Unrath verunreinigten aegyptischen Stadt für Pharao nicht beten wollte. (Rab. Exod. c. 12.)

Sogar eine Formel wird angegeben, die jeder Mann beim Verrichten der nothwendigsten Bedürfnisse herzusagen habe. Sie lautet: „Gestattet h. Geehrte! Ihr Gottesengel! Verlasset mich, damit ich das Nothwendige verrichte; bald kehre ich wieder zu Euch zurück. (Barachot 60 b.)

II.
Moses und Mohamed.

Wenn auch (vergl. Sprenger Zeitschrift d. deutsch. morgl. Gesellsch. 1858. S. 248.) Mohamed selbst und seine Nachfolger die sich die größte Mühe gaben, Alles, was an die ursprüngliche Tendenz erinnerte, zu verwischen und sogar den fremden Ursprung derselben leugneten (Sprenger ibid. III. S. 54. Anm.), so beweist doch das Streben der Anhänger Mohameds, das Leben und Wirken ihres Propheten nach dem Leben und Wirken bekannter jüdischer Lehrer, insbesondere des Moses, auszumalen, ihre Abhängigkeit vom Judenthume. Wenn auch nur wenige Juden den Glauben ihrer Väter mit dem Islam vertauschten und selbst diese entschiedene Lügner gewesen sein mögen, von denen viele Fabeln ausgingen, die unter den Moslimen umlaufen (Nöldeke das Leben Moh. S. 60.), so ist doch zu erwägen, daß selbst die arab. Juden ihrerseits die biblischen Geschichten mit interessanten Zügen ausschmückten, die dann als ächte Thatsachen in Umlauf kamen, wodurch die glänzende Geschichte der Urzeit mit den agabischen Zusätzen so zusammenwuchs, daß sie das Gold von den Schlacken nicht mehr zu sondern vermochten. (Grätz. Gesch. d. Juden V. S. 73—74.) Daher hält es schwer, bei den folgenden Betrachtungen, im Einzelnen zu entscheiden, welchem der beiden Lager die Priorität der Erdichtung gebührt.

Einerseits mag schon in früherer Zeit an den Tod des göttlichen Moses, dessen Begräbniß schon in der heiligen Schrift unbekannt blieb, manche Legende angeknüpft worden sein; so z. B. daß weder der Todesengel noch Würmer zu Moses Zutritt hätten (B. Batra 17. a.), daß dessen Grab in dunkler Dämmerung der letzten Schöpfungsmomente geschaffen sei. (Abot c. 5. b.)

Andererseits luden die Verhältnisse nach dem Tode Mohameds als der größere Theil der Araber sich empörte, weil es ihnen mit dem Glauben nicht Ernst war und sie allgemein erklärten: „Wir wollen zwar beten, aber keine Steuern mehr bezahlen"

zur Erfindung von Legenden und Fabeln ein, etwa als Mittel zur Heranlockung der Abtrünnigen oder gar zur Erbauung der Neubekehrten, da es der letzte Wille des Propheten war, Proselyten aufzunehmen und sie gut zu behandeln. (de Perceval ibid. III. p. 321.) Dazu bot Mohameds Krankheit, die so schmerzlich und in der er in solcher Aufregung war, daß er seine Verzweiflung nicht verbarg, Stoff genug, um, mit grenzenloser Uebertreibung, der Phantasie freien Spielraum zu lassen und einen schweren Todeskampf als eine Gnade Gottes darzustellen.

Kurz der gegenseitige Einfluß des Judaismus und Arabismus ist nicht zu verkennen, wenn auch das Verhältniß von Ursache und Wirkung dabei nicht stets gleich bleiben kann, aus dem schließlich der Charakter des Religionsstifters, vollkommen ausgeprägt, dem Boden der Geschichte entrissen und in das luftige Gebiet der Märchen versetzt wurde.

Warum aber die Züge vom Gemälde des Propheten mit Moses gerade mehr als mit irgend einem andern jüd. Lehrer in Parallele gestellt wurden, mag seinen Grund darin finden, daß Mohamed sich bei seinen Gläubigen stets für den Nachfolger des Moses ausgab und sie überzeugen wollte, daß schon die h. Schrift (Deuter 18. v. 18—19.) sein Auftreten vorhergesagt habe (Gagnier ibid. I. p. 347.) und weil er sich dem Moses wohl am meisten verwandt glaubte. (Nöldeke Gesch. S. 92.) Daher rief er dem Ali, den er bei seinem Auszuge als Stellvertreter in Medina zurückließ zu: „Mochtest du nicht in demselben Ehrenrange unter mir stehen, in dem einst Aaron zu Moses stand?" — (Gagnier ibid. II. p. 212., vergl. Rab. Gen. c. 1. Rab. Levit. c. 36.) Als man Mohamed fragte, warum er das Dach des bei seiner Ankunft als Moschee in Medina errichteten Gebäudes nicht höher und mit dauerndem Material bauen lasse, antwortete er: „Mein Tempel soll der Laubhütte (Arysch) des Moses ähnlich werden, welche aus Holz und Stroh bestand." (Sprenger ibid. III. S. 13—14) Die Jünger des Propheten handelten also in seinem Geiste, wenn sie ihn mit Moses in eine Linie hinstellten.

Ich gehe nun zur Darstellung dieses Parallelismus mit den Worten Sprengers (ibid. I. S. 13.) über: „Wenn wir uns in eine andere Zeit hineinleben wollen, dürfen wir es uns nicht verdrießen lassen, in so viele Einzelheiten, seien sie auch geringfügig, einzugehen und so viele Persönlichkeiten kennen zu lernen als möglich."

Wenn es im Korân (Sura 19 v. 30. 31.) von dem Stifter des Christenthums heißt, es habe derselbe bald nach seiner Geburt ausgerufen, daß er ein Buch erhalten und zum Propheten ernannt worden sei, so schien es den Nachfolgern Mohameds eine Kleinigkeit von ihrem Propheten auszusagen, wie er gleich beim Verlassen des Mutterleibes auf die Erde gefallen wäre, um Gott anzubeten und seine Finger in die Höhe gehoben hätte, um seine Ergebenheit gegen Gott zu bezeugen. (Gagnier ibid. II. p. 386.) Dies darf um so weniger Wunder nehmen, da schon die Agaba den Stifter der jüd. Religion gleich am Tage seiner Geburt sprechen, laufen und seine Eltern anreden läßt! (Rab. Deuter. c. XI.) Wollte Moses von keiner ägyptischen Amme saugen, weil sein Mund bestimmt war, mit Gott zu reden (Sota 12. b., Jos. Ant. II. 9. 5.), so fand man es in der Ordnung, daß auch Mohamed nur von einer rechtmäßigen Kameelin saugen wollte. (Gagnier ibid. I. p. 87.)

Hatten die Vorhersager und Zukunftsdeuter des Pharao die Geburt Moses vorhergesagt, weßhalb der strenge Befehl erging, jede männliche Neugeburt in's Wasser zu werfen (Rab. Exod. c. 1.), so erkannten auch die arab. Seher und die Juden im Mohamed schon in dessen Kindheit den Propheten und suchten ihn zu tödten. (Sprenger I. S. 174.)

Wie Moses Antlitz von einer Schönheit, die der Sonne gleich war, strahlte, so zeichnete sich auch Mohammed durch diesen Vorzug aus. (B. Batra 75. b., vergl. B. Mezia 84. a., B. Batra 56. a. und Gagnier ibid. I. p. 96.)

Waren Moses Geistesgaben von solch hoher Kraft, daß ihm von den erschaffenen fünfzig Weisheitsthoren neunundvierzig übergeben waren (Rosch. Haschana 21. b., Nedarim 38. a.), so sollen auch dem Mohamed alle Mysterien weniger fünf überliefert worden sein. (Gagnier ibid. II. p. 369.)

Läßt die Sage sowohl Moses (Rab. Exod. c. 5.), wie auch Simeon und Christus (Sprenger I. S. 189.) im zwölften Lebensjahre zum ersten Male das Elternhaus verlassen, warum denn soll Mohamed auch nicht seine erste Reise nach Syrien schon als zwölfjähriger Jüngling gemacht haben? (de Perceval. ibid. I. p. 319)

Als Moses von den Häschern Pharao's erreicht wurde, da soll sein Hals in harten Marmor verwandelt worden sein, gegen welchen das schneidende Schwert nichts auszurichten vermochte; oder, wie eine Variante lautet, ein Rettungsengel erschien, der von den Verfolgern aufgegriffen wurde, während unterdessen Moses Zeit gewonnen hätte zu entrinnen. (Rab. Exod. c. 1. Rab. zum h. Liede c. 7.)

Auch Mohameds Flucht wurde mit wunderlichen Dingen ausgeschmückt. Als nämlich seine Verfolger in die Nähe der Grotte gekommen waren, in welcher sich der Prophet versteckt hielt, da sollten dieselben am Eingange der Grotte Taubeneier und Spinngewebe gesehen und aus diesen Anzeichen den irrthümlichen Schluß gezogen haben, es könne Niemand in die Höhle gegangen sein, ohne die genannten Dinge zertreten haben, wodurch Mohamed gerettet wurde; oder, wie eine andere Sage lautet, während Mohamed glücklich entflohen war, warteten seine Nachsteller vergebens vor seinem Hause die ganze Nacht hindurch und sahen am anderen Morgen den — Ali herausgehen. (de Perceval ibid. III. p. 12—13.) Auch Wunder, gleich denen des Moses, ließen die Moslime den Mohamed ausüben.

Wie Moses so soll auch der Prophet eine Art ägyptische Finsterniß wie auch Wasser in der Wüste erzeugt haben. (Gagnier ibid. I. p. 77. u. II. p. 6.)

Wenn die Agada Moses Aufenthalt auf dem Berge Sinai — trotz der sich hörbar machenden rationalistischen Meinung, daß weder die Schechina von Oben herunter gekommen, noch je Moses und Elias gen Himmel gefahren seien (Succa 5. a.) — in eine Himmelfahrt verwandelt, bei welcher selbst böse Engel, die ihn zuerst vernichten wollten, sich ihm geneigt zeigten und sogar der Würgengel ihn lieb gewann und ihm ein Mittel gegen den Tod mittheilte (Sabbat 88. b., vergl. Rab. Exod. c. 28. u. 42. Rab. Num. c. XI.), warum soll es denn Mohamed nicht vermocht haben, eine himmlische Reise, bei Lebzeiten, von den wunderbarsten Erscheinungen begleitet, zu unternehmen? — (Gagnier ibid. I. p. 195 bis 253.), bei der er zuerst beim Nahen Gabriels in Schrecken und Angst gerieth (vergl. Zeitsch. d. deutsch. morgl. Gesellsch. 1858. S. 246.), nachher aber gegen den Angriff der Dämonen gefeit war, so daß sich alle Genien und sonstigen Engel um ihn sammelten, um auf seine Worte zu lauschen. (Gagnier II. p. 367 u. 370.) Dies darf um so weniger Wunder nehmen, wenn derartiges im Orient noch geglaubt wird. „Ich habe, sagt aber Sprenger (ibid. I. S. 545), in unserem aufgeklärten Europa, Menschen gekannt, die mit eigenen Augen die Hexen bei einem heftigen Gewitter auf Besen in den Wolken herumreiten sahen, und sie für die Ursache des Sturmes hielten." —

Noch deutlicher bezeugt folgender Umstand, wie aus arabischen Kreisen fremde Elemente in die jüd. Literatur eindrangen [9]), und durch homelitische Methode, in der h. Schrift Anhaltspunkte für dieselben zu finden, agadische Berechtigung erhielten.

Da Mohamed schon in seiner Jugend vom Verdachte nicht frei gewesen war, sich dem nach Gen. 38. 9. benannten Laster hin-

---

[9]) So übte vielleicht die mohamedanische Einrichtung in Bezug auf die Feier der Nacht, Al-Kadar genannt, in welcher der Koran zum ersten Mal vom Himmel durch Gabriel herabgebracht worden sein soll (Gagnier ibid. II. p. 372.) — mag sie nun dem jüd. Neujahrstage (Sprenger II. S. 459. Anm. 2) oder dem Palmsonntag der Christen (ibid. S. 460.) entlehnt sein — eine Rückwirkung aus, daß die jüd., nur in manchen Kreisen übliche, Sitte, die ganze Nacht am Pfingstfeste zu durchwachen, wozu bekanntlich die frommen Andachten während dieser Nacht allmählich zu einem liturgischen Büchlein heranwuchsen, feste Wurzel faßte.

gegeben zu haben (Sprenger ibid. I. S. 209) und da er mit Vorwürfen wegen seines an Völlerei grenzenden unsittlichen Verhaltens überhäuft wurde (Gagnier ibid. I. p. 416, II p. 74—76), so glaubten seine Anhänger ihn dadurch zu beschönigen, daß sie auch Moses von Vorwürfen der Art nicht freisprachen. Diese letztere Behauptung drang selbst in jüdische Kreise ein und erhielt, da man vielleicht den eigentlichen Ursprung vergessen hatte, eine Anlehnung an die h. Schrift, wonach Moses wegen seiner äthiopischen Frau, die er vielleicht auch aus einem leicht zu begreifenden Nebengrunde, wie es zuweilen auch bei Mohamed der Fall war (vergl. de Perceval. ibid. III. p. 338.) geheirathet haben mag, eine heftige Rüge von seinen Zeitgenossen erhalten habe. (Sanhedr. 82. a., Rab. Num. c. 20.) Denn hätte die jüd. Homiletik derartiges Gebilde nicht bereits vorgefunden, und es nicht als ein einheimisches betrachtet, — um vielleicht zur Darstellung zu bringen, wie ein großer Mann aus allen Verdächtigungen schließlich als Sieger hervorgehen müsse — so wäre es höchst unbegreiflich, daß man in jüd. Kreise keinen Anstand nahm, nicht allein den Propheten Jeremia (B. Kama 16 a.), sondern selbst einen Moses ehebrecherische Schuld, selbst wenn nur von Widersachern, zum Vorwurf machen zu lassen. Auch die Interesselosigkeit Mohameds, die er vor seinem Tode betont haben soll (Gagnier ibid. II. p. 279, de Perceval ibid. III. p. 319), war dem Moses nachgebildet.

Sie mußte bei Mohamed um so nachdrucksvoller hervorgehoben werden, weil Mohamed für jede Privat-Audienz sich eine Taxe bezahlen ließ, von welcher nur seine Günstlinge befreit waren. (Sprenger ibid. III. S. 28. Anm.)

Wie die Agada den Moses bei seinen Schritten auf dem Berge Nebo noch so rüstig sein läßt, daß er die dort angebrachten Stufen mit einem festen und sichern Tritt besteigen konnte (Sota 13 b.), so konnte auch Mohamed vor seinem Sterben, obschon er wegen heftiger Schmerzen seine Stirn mit einer Binde bedecken mußte, seine letzte Anrede doch kräftig mit noch lauter Stimme halten. (de Perceval ibid. III. p. 322.)

Wie von Moses gesagt wird, daß er in seiner letzten Scheidungsstunde der Besinnung beraubt gewesen war (Sota 13 b.), so war auch Mohamed in seiner Todes-Agonie des Verstandes beraubt, so daß er verworren sprach und Omar sich zur Aeußerung hinreißen ließ: „Mohamed phantasirt im Delirium!" (de Perceval ibid. III. p. 321.)

Soll Moses Geburt und Tod an einem und demselben Tage, nämlich am 7. Tage des Monats Adar, stattgefunden haben (Megilla 3. b., Sota 12 b., vergl., als höchst beachtungswerth, Nasir 14. a.), so fallen auch beide Tage, der Anfang und der Schluß, von Mohameds Leben — da der Todestag eines der wenigen ganz sicheren

Daten in Mohameds Geschichte ist (Nöldeke, das Leben Mohameds S. 179. Anm.) — auf einen Montag. (Gagnier ibid. II. p. 292.) Die Agada läßt den Todesengel von Moses angepackt und zu Boden geschleudert werden. Moses willigt dann in einer längeren Unterredung mit seiner eigenen Seele in ihre Trennung von ihm ein. Sie aber versichert ihm, sogleich in's Paradies eintreten zu wollen. Moses überzeugt darauf den wieder erschienenen Todesengel so sehr von seiner hohen Wirksamkeit, daß der Todesengel unverrichteter Sache zurückkehrt. Erst nachdem nochmals der strenge Befehl an den Todesengel ergangen war, Moses Seele gen Himmel zu führen, findet er sich wieder bei Moses ein. Doch abermals muß er vor den furchtbaren Schlägen des Mosesstabes fliehen. Hierauf steigt Gott selber mit seinen Engeln hernieder. Michael stellt sich zur Rechten, Gabriel zur Linken Moses. Gott selbst fordert die Seele auf, Moses zu verlassen. Diese willigt ein unter der Bedingung, daß sie neben den höchsten Engeln, neben dem göttlichen Throne, ihren Ehrensitz einnehmen solle. Durch einen göttlichen Kuß ward sie der Erde entrückt. (Rab. Deuter. c. XI.)

Hören wir nun auch die mohamedanische Erzählung: Am Tage von Mohameds Tode brachte der Engel Gabriel den Todesengel mit, ließ ihn aber vor der Thüre stehen und sagte zu Mohamed: „Der Todesengel bittet um die Erlaubniß, sich dir zu nähern; du bist der erste Sterbliche bei dem er sich vorher melden läßt, und du wirst auch der letzte sein, mit dem er solche Umstände macht." Als Mohamed seine Erlaubniß ertheilt hatte, trat der Todesengel in's Zimmer, grüßte den Propheten und sagte: „Mohamed! Gott sendet mich zu dir; befiehlst du mir, deine Seele zu nehmen, so nehme ich sie, wo nicht so lasse ich dir dieselbe." „Wirst du das thun?" fragte Mohamed. „Ja wohl," antwortete der Todesengel, „so ist es befohlen." Mohamed blickte dann nach dem Engel Gabriel und dieser sagte: „O, Mohamed! Gott sehnt sich nach dir." — „Nun, so geschehe Gottes Wille!" versetzte Mohamed. Da sagte Gabriel: „Jetzt habe ich die Erde zum letzten Male betreten" und verschwand im Augenblicke, als der Todesengel Mohameds Seele zum Himmel trug. (Gagnier ibid. II. p. 189., Weil ibid.)

Für diese arab. Erzählung, wiewohl der arab. Styl an und für sich die dialogische Form ist (Zeitsch. d. deutsch. morgl. Gesell. 1858. S. 249), ist der jüd. Charakter ganz deutlich erkennbar; denn die Agada läßt dem Moses deßwegen nicht sagen, daß er der erste und der letzte sei, dem der Todesengel sich zu nähern scheut, weil schon eine andere Agada den Todesengel auch dem Könige David sich zu nähern nicht wagen läßt. (Vergl. Sabbat. 31. b.)

III.
R. Jehuda und Mohamed.

Nicht allein mit dem göttlichen Moses, sondern auch mit R. Jehuda, dem Sammler der Mischnah, ward Mohamed in vielen Stücken in eine Linie gesetzt. Um zu begreifen, warum gerade die an R. Jehuda geknüpften Legenden bei den arab. Gläubigen eine mächtige Anziehungskraft ausübten, muß man sich die große Verehrung vergegenwärtigen, welche R. Jehuda zur Zeit Mohameds im jüd. Volke genoß. Galt doch R. Jehuda für den Träger und Erhalter der jüd. Tradition, so daß von ihm gesagt werden konnte, keine Persönlichkeit in Israel, mit Ausnahme der des R. Jehuda, käme dem Moses an Bedeutung und Glanz gleich. (Gittin 59. a.) Die islamitischen Erzähler glaubten daher von ihrem Propheten mindestens so viel berichten zu dürfen, als die Juden von ihrem „Heiligen" κατ᾽ ἐξοχήν aussagten.

Läßt die Agada den Moses sich eines jungen Thieres erbarmen und dasselbe sehr verhätscheln (Rab. Exod. c. 2.) und auch den R. Jehuda sich mitleibig gegen ein niedriges Geschöpf erweisen (B. Mezia 85. a.), warum soll denn der mohamedanische Gottesgesandte nicht eine gleiche Theilnahme bewiesen haben? (Gagnier I. ibid.) Wenn nach der Agada sowohl bei Moses (Rab. Deuter. c. XI.) als auch bei des R. Jehuda (Kethubot 104 a.) Tode, während die Engel droben im Himmel das Scheiden der Seele vom Körper mit Freuden begrüßt und frohe Lieder angestimmt haben, die Erdenbewohner über den dadurch erlittenen fast unersetzlichen Verlust betrübt und in Trauer gehüllt waren, soll es denn etwa beim Propheten minder erschütternd zugegangen sein? — (Vergl. Gagnier ibid. II. p. 294.)

Aber nicht allein solche drastische Züge, die über Moses und zugleich über R. Jehuda mitgetheilt werden, sondern gar solche, die bei dem letztern ganz allein sich vorfinden, haben auf die arab. Erzählung eingewirkt; — denn der Prophet mag sich bei seinen

Bestrebungen nicht allein den Moses, sondern auch R. Jehuda zum Vorbilde genommen haben. Nicht allein mochte er sich, wie Moses gegen die Bewohner Palästinas, berechtigt gefühlt haben gegen Ungläubige, die noch dazu seine Feinde waren, zu kämpfen (Weil ibid. S. 95. Anm. 123., vergl. B. Kama 38 a.), sondern selbst noch zur Zeit als er die Juden zu gewinnen suchte, mag er gehört haben, daß jüd. Propheten, noch vor ihm, manche Aussprüche Moses umgeändert oder modefizirt hatten. (Makkot 24. a.) Ja der erste Anfang zur Abschaffung des jüd. Versöhnungstages, die natürlich seine Politik gegen die Juden später wirklich zur Ausführung brachte, mag schon in der Theorie bei ihm schon früher Wurzel gefaßt haben.

Mohamed mochte gehört haben, daß selbst R. Jehuda schon mehrere jüd. Fasttage abschaffen wollte und bereits den ersten Schritt zur Abstellung derselben that, indem er sich an einem dieser Tage badete (Megilla 5. b.), da die Römer sich in gleichen Fällen des täglichen Bades enthielten, denen diese Enthaltsamkeit für ein Zeichen der Trauer oder demüthigen Supplication galt. (Böttiger, die Albobrondinische Hochzeit S. 160.)

Das Fasten am Versöhnungstage mag bei ihm schon in der Theorie die Strenge des Gebotes eingebüßt haben, weil er gehört haben mochte, daß zur Zeit des Königs Salomons die Israeliten das Fasten am Versöhnungstage nicht eingehalten hatten. (Sabbat 36. a., Moed. Katan 9. a.) Und als man vielleicht von jüd. Seite dagegen einwendete, daß das Verfahren der Israeliten zur Zeit Salomons eine Ausnahme gewesen wäre, — eine Ausrede, die auch in Bezug auf die Errichtung eines Opferaltars auch außerhalb des Tempels in Jerusalem gegeben wurde (vergl. Sebachim 112. a., Siphri c. 66) — sonst aber das Fasten am Versöhnungstage ein uraltes Gebot sei, entstand die moslimische Ansicht, daß die Juden am Kippur zur Erinnerung an ihre Erlösung aus Aegypten fasten. (Sprenger ibid. III. S. 59.)

Ja die Aehnlichkeit mit R. Jehuda soll noch weiter geführt haben. Wie der letztere auf den Tod eines zum Schlachten bestimmten Thieres ohne Widerruf bestand (B. Mezia 85. a.), so soll auch Mohamed gehandelt haben. (Vergl. ausführlich bei Gagnier II. ibid.) Vielleicht ist auch Mohameds testamentarische Verordnung, daß seine Frauen nicht wieder heirathen dürfen (de Perceval ibid. III. p. 338), dem letzten Willen des R. Jehuda entsprechend, der es befohlen hatte, daß seine Wittwe das Haus nicht wieder verlassen solle. (Rab. Gen. c. 96., vergl. Kethubot 103. a.)

Und wie die jüd. Erzählung von einem bei dem Tode des R. Jehuda gethanenen Aufschrei der Wehmuth berichtet, der gelautet haben soll: „Wer es wagen würde zu sagen, „Rabbi" sei gestorben, den soll man mit dem Schwerte durchbohren (Kethubot

104. a.), soll der eifrige und energische Omar, als sich das Gerücht von Mohameds Tode verbreitet hatte, ausgerufen haben[10]: „Diejenigen, die sich erdreisten zu behaupten, Mohamed sei gestorben, die sind Verräther, Ungläubige, hauet sie in Stücke!" (de Perceval ibid. III. p. 323—24.)

---

[10] Vielleicht war dem Omar, als er hinzufügte, Mohamed habe sich nur zum Himmel begeben, wie einst Moses, der 40 Tage und 40 Nächte entfernt gewesen und doch nachher zurückgekehrt wäre (Gagnier ibid. II. p. 295.) die folgende jüd. Legende bekannt: Als Moses nun? wiederzukommen säumte, behauptete der Satan, Moses sei gestorben. Doch das jüd. Volk wollte diesem Ausspruche nicht glauben, bevor der Satan nicht ein Abbild des Bettes zeigte, auf dem Moses lag. (Sabbat 89. a.)

IV.
Mohamedanische Geschichten.

Auch viele andere Wunder, die dem Mohamed zugeschrieben werden, sind jüd. Kreisen entlehnt. Denn „der Glaube," sagt Sprenger (ibid. II. S. 387.), „besitzt eine unglaubliche Verdauungs- und Assimilationskraft. Für ihn sind Wunder und Fabeln — woher sie auch immer kommen mögen — was Zuckerbäckereien für Kinder sind."

Die Sage nämlich, daß auf Mohameds Gebot der Regen sich ergoß und wieder aufhörte (Gagnier ibid. I. p. 456—57), ist nach der oft im Talmud wiederholten Erzählung von jüd. Lehrern gebildet. Wie der Kies des bekannten Wundermannes R. Nahum die eigenthümliche Kraft besaß, gleich Pfeilen und Schwertern die Feinde zu tödten (Sanhedr. 69. a.), so soll auch der Kies des Mohamed dasselbe Wunder bewirkt haben. (Gagnier ibid. I. p. 325 bis 326., Weil. ibid. S. 235.)

Wie die Steine, auf die einst der Patriarch Jacob seinen Kopf niederlegen sollte, mit einander stritten und sich erst beruhigt fühlten, nachdem aus ihnen allen ein Haufen gebildet worden war (Chulin 91. b.), so soll auch, als Mohamed zum ersten Male die Tribüne bestieg, der Palmstamm, an den der Prophet bisher seinen Rücken gelehnt hatte, ein Wehgeschrei ausgestoßen nnd sich erst beruhigt haben, nachdem man übereingekommen war, ihn einstweilen unter der Tribüne zu begraben. (Weil. ibid. S. 106., Gagnier ibid. II .p. 91., beim letztern fehlt der letzte Zusatz.)

Wenn schon im Korân (Sura 2. v. 254.) gesagt wird, daß Gott einige Propheten vor anderen ausgezeichnet hätte, welche Meinung übrigens dem talm. Ausspruche entlehnt worden ist, daß der Prophet Jesaia auf einer höheren Stufe stünde, als der Prophet Ezechiel (Chagiga 13. b.), darf es dann noch befremden, wenn Mohamed behauptet, Gott habe ihn allen übrigen Propheten vorangestellt, da die jüd. Lehrer denselben Vorzug für Moses beanspruchen, (Jebam. 49. b., Rab. Num. c. 1.)

Um einen unumstößlichen Beweis für das Prophetenthum Mohameds zu liefern, ward die jüd. Legende benutzt, daß von dem wahren Messias ein wohlriechender Duft ausgehen müsse (vergl. meine Biographie des Tanaiten R. Akiba. S. 22. Anm. 52.), womit auch die Sage, daß das Passahopfer des Moses einen angenehmen Geruch verbreitet habe, daß die Israeliten Moses inständig um einen Theil von dem Geopferten baten (Rab. Exod. c. 49.), ferner die Behauptung, daß Mohameds Körper einen angenehmen Geruch verbreitete (Gegnier ibid. II. p. 387.), zusammenhängen mag.

Nun haben die Mohamedaner, wie es zuweilen ihr Prophet selbst that, höchst wahrscheinlich verschiedene jüd. Sagen zusammengeworfen, oder nach vorgenommener Umänderung für ihren Gebrauch zurechtgelegt [11]). Wenn ein jüd. Lehrer dem Adam — vielleicht zur Entscheidung des im Orient mit Eifer geführten Streites, ob Hebräisch oder Aramäisch die Ursprache sei — aramäische Verse zuschreibt (Sanhedr. 38. a.), so unterschieben die Moslime — in reiner Naivität — dem Adam arab. Verse. (Weil. ibid. S. 22. Anm. 4.)

Die arab. Sage, daß auf Mohameds Stimme, die in allen Welttheilen gehört worden sei — selbst Kinder im Mutterleibe antworteten: „Hier bin ich zu deinem Dienste, Gott!" (Weil. ibid. S. 291. Anm. 444.) wurzelt vermuthlich in der jüd. Legende, der zufolge die Kinder im Mutterleibe an jeder wichtigen Gelegenheit Theil nehmen.

Die Kinder im Mutterleibe sangen beim Durchzuge durch das rothe Meer Lob- und Preislieder zu Gott. (Barachot. 50. a., Sota 30. b., Kethubot. 7. b.) Schon das Kind wird in der Lehre unterrichtet, die es beim Verlassen des Mutterleibes, durch einen Schlag, welchen ihm ein Engel auf dem Munde ertheilt, vergießt. (Niddah 34. a.) Auch der König David soll als Kind im Mutterleibe Psalmlieder angestimmt haben. (Barachot. 9. b vergl. Luc. 1. 44.) Die Kinder im Mutterleibe empören sich über Schmeichler und Heuchler und schelten sie aus (Sota 41. b.) und fluchen demjenigen Lehrer, welcher über seinen eigenen Schüler neidisch ist.

---

[11]) Richtig bemerkt daher Sprenger (III. S. 111. Anm. 1.): „Es unterliegt keinem Zweifel, daß Ebn-Abbâs und seine Zeitgenossen die jüdischen Legenden sehr veränderten, die aber dennoch für die Religionsgeschichte der Juden in Arabien einigen Werth haben. „Nebenbei sei bemerkt, daß jene arab. Märchen über die wunderbaren Dinge, welche im Salomonischen Tempel zu Jerusalem gewesen sein sollen (vergl. arab. Chrestomathie v. Arnold S. 64, Art.: Hierosolyma) in keiner Beziehung zu jüdischen Erzählungen stehen, mit Ausnahme des Stückes, welches im zweiten Targum des Buches Esther erzählt wird, daß nämlich, sobald falsche Zeugen vor dem Salomonischen Throne erschienen, die da angebrachten Löwen zu brüllen und die andere Thiere zu heulen und zu lärmen pflegten, bis die Zeugen erschracken und die Wahrheit gestanden.

(Sanhedr. 91. b.) Wenn das schiitische Dogma, welchem zufolge das „Nur Mohamed", b. i. Licht Mohameds auch auf die Imâme überging, lehrt, es sei von Gott in Adam ein Licht gesetzt worden, welches von Vater auf Sohn überging, bis es in Mohameb Fleisch annahm (Sprenger ibid. I. S. 294.), so mag dies Licht Mohameds aus den jüd. Legenden über Adam entnommen worden sein, nach welchen Adam mittelst des von Gott geschaffenen Lichtes vom Anfang bis zum Ende der Welt sah (Chagiga 12. a.) und Adams Fersen wie zwei Sonnensphären leuchteten. (B. Batra 58. a.) Die mohameb. Tradition, daß: فان هذا القران انزل على سبعة احرف oder wie eine Variante lautet حمسة احرف über welche die abergläubischen Moslime viel Schweiß vergossen haben (Nöldeke, Gesch. S. 38.), scheint offenbar aus jüd. Quelle, nur getrübt, hergeleitet worden zu sein, der zufolge die Lehre in siebzig Dialecten getheilt werde (Sabbat. ¦88. b.) und es fünfzig Weisheitsthore gebe. (Bosch. Haschana 21. b., Nedarim 38. a.)

Aus der jüd. Legende, die das Pergament des heiligen Buches[12]) aus „weißem" Feuer, die Schrift selbst aber aus schwarzem Feuer bestanden haben läßt, die an den Vers: „Seine Hände goldene Ringe, mit Chrysolyth besetzt, sein Leib ein Schaft von Elfenbein, umhüllt von Sapphiren (h. Lied 5. v. 14.) anknüpfend, homiletisch zu beweisen sucht, daß dem Urtexte schon traditionelle Erläuterungen beigegeben waren (vergl. Jeruschalmi Schekalim c. 6. u. Parallelstellen), entstand die moslimische Theorie einerseits, daß der Urtext des himmlischen, dem Moses gegebenen, Buches auf einer Tafel, bestehend aus einer „weißen" Perle und so groß, wie die Entfernung vom Himmel zur Erde und vom Orient bis zum Occident, geschrieben stehe; andererseits, daß der Korân mit Perlen und Edelsteinen eingelegt, dessen Einband von Rubin und die Feder, mit der er geschrieben wurde, aus Licht bestehe. (Sprenger ibid. II. S. 297.)

Die jüd. Sage von der Errettung des Pharao, während die Aegypter im Meere untergingen (Rab. Exod. c. 4), mag vielleicht vom arab. Erzähler benutzt worden sein, um zu fabeln, daß auch bei der Errettung Mekkas, noch vor Mohameds Geburt, vor dem abbessynischen Vicekönig, dieser allein am Leben geblieben wäre, damit er den Untergang seiner Leute in Jemen verkünden konnte. (Sprenger I. S. 462. Anm. 1.)

Da Mohamed Abraham zum Stifter der Urreligion, ja zum Gründer des heidnischen Gottesdienstes zu Mekka macht (Sprenger ibid. II. S. 279. u. 285.), so werden jüd. Legenden über Abraham auf den Propheten übertragen.

---

[12]) Auch die im Korân oft angeführte Ansicht, |daß die Offenbarung in verschiedenen Rollen gegeben war, rührt aus jüd. Kreise her (vergl. Gittin 9. a.)

Abraham hält Wache am Eingange in's Paradies, damit er nur seine Gläubigen einlasse (Erubin 19. a., Rab. Gen. c. 49.) und am Gerichtstage der Herr den Todesengel, — der zugleich der Sündenverführer sei (vergl. Joma 69. b.) — vor den Frommen und den Frevlern schlachten wird, wobann die Sünden den Ungläubigen gleich einem Haare erscheinen werden (Succa 52. a.) und überhaupt die Frevler in die Hölle fallen. (B.Batra 75. a., vergl. Seder, Elias, Sita c. 21.)

Derartige — da auch die im Korân (Sura 15.) erwähnten sieben Namen der Hölle aus jüb. Kreise herrühren (Erubin 19. a.) — auf die Hölle bezüglichen Vorstellungen — mögen sie vielleicht gar persischen Ursprungs sein — hat die arab. Erzählung bunt zusammengefaßt und ein Märchen daraus gebildet, daß nämlich über die Hölle eine Brücke geschlagen sei, schmaler als ein Haar und schärfer als ein Schwert. Mohamed wird der erste sein, welcher darüber hin dem Paradiese zueilt. Wenn dann die Gläubigen, welche ihm folgen, ausgleiten, so rufen sie: „O, Herr! Mohamed, o Mohamed!" und der Prophet schreit laut! „O, Herr! meine Anhänger, meine Anhänger!" Natürlich gelingt allen Frommen, diesen Uebergang zu bewerkstelligen (Sprenger ibid. II. S. 65.); ferner, daß der Tod in Gestalt eines Widders sowohl den Bewohnern des Paradieses als denen der Hölle vorgeführt werde, und darauf geschlachtet, wobann das ewige Leben beginnen wird. (Ibid. II. S. 187. Anm. 7.)

V.
Schlußbetrachtung.

Fassen wir nun das bisher Erörterte zusammen und fragen: Was ist das Ergebniß dieser Auseinandersetzung? — so gewinnen wir das Resultat, daß Mohamed von jüd. Lehrern oft über ein und denselben Gegenstand verschiedene Meinungen gehört hat, dieselben aber in seiner Religion zugleich neben einander hat gelten lassen, daß er selten den inneren, reinen Gehalt des Judenthums klar erfaßt hat, sondern meist nur jüd. Sagen und Legenden, Allegorien und Parabeln, welche er in buchstäblichem oder wörtlichem Sinne nahm, theils willkürlich, theils unwissend, für seinen Zweck zurechtgelegt hat. Man braucht nur an die agadischen Ausschmückungen zu denken, welche von der großartigen Mahlzeit in der Zukunft für die Frommen (Pesachim 119. b. u. B.Batra 75. a.) und dem theuren Schatz handelt, der ihnen dann zu Theil werden soll (**Pesachim 119. a.**), — dagegen allerdings der vorwurfsvolle Ausruf Lessings gilt: Wann wird man aufhören an den Faden einer Spinne nichts weniger als die ganze Ewigkeit hängen zu wollen! — um es erklärlich zu finden, daß der Stifter des Islams seinen Anhängern den Himmel mit so sinnlichen Farben ausmalte. „Wie der Richter," sagt Sprenger (ibid. I. S. 12.) „aus den Aussagen unlauterer Zeugen, wenn sie auch unter sich zu keinem Einverständniß gekommen sind, den Thatbestand ermittelt, so auch gelingt es uns bisweilen, durch Vergleichung verschiedener Traditionen über ein und dasselbe Ereigniß befriedigende Resultate zu erreichen." — An den aus jüd. Quellen fließenden moslimisch sich gestaltenden Sagen ist die Tendenz unverkennbar, das Leben und Wirken Mohameds mit allem möglichen Flitterstaat, als Beweis für dessen Prophetenthum, hpantastisch auszustatten. „Die ganze geistige Thätigkeit der Moslime," sagt Sprenger (ibid. III. S. 180), „von Mohamed bis auf den heutigen Tag, ist ein Traum, aber sie ist ein Traum, den ein Theil der Menschheit gelebt hat, und als solcher hat sie das Interesse, welches überhaupt menschliche Dinge für Menschen haben."

Da schon zur Zeit Mohameds jüd. Stämme nach Syrien zogen und bald nach des Propheten Tode die Juden ganz aus Arabien vertrieben wurden (Nöldeke: das Leben Moh. S. 87., 113. und 139.), so ist es ja höchst wahrscheinlich, daß diese Auswanderer oder Flüchtlinge allwärts sagenhafte Ungeheuerlichkeiten, die eigentlich mit dem Judenthume unvereinbar sind (vergl. z. B. Zunz: gottesdienstliche Vorträge. S. 164.) verbreitet haben, von denen ein nicht geringer Theil in die Dämmerung der nebelhaften Mysterien versetzt wurde.

Denn an den Verlauf der äußeren Ereignisse der arabischen Juden knüpften sich religiöse Gebilde, für die, da verbürgte, bestimmte Nachrichten fehlen, das allgemeine Gesetz im Verbande der ganzen Menschheit gilt, daß Sitten und Gewohnheiten, moralische wie religiöse, desto schneller und tiefer sich ändern und wechseln, je größer und inniger der Verkehr und gegenseitige Austausch verschiedener — geschweige denn semitisch verwandter — Völker mit einander ist.

Allerdings sind allgemeine Glaubenspunkte so sehr ein Eigenthum der ganzen Menschheit, daß man sich wohl hüten muß, bei Uebereinstimmung auch sogleich von Entlehnungen zu sprechen (Geiger ibid. S. 63.); denn es giebt Sitten und Lebensmaxime oder gar religiöse Formen, bei verschiedenen Völkern, die trotz ihrer Aehnlichkeit oder gar Gleichheit dennoch ganz selbstständig sich herausgebildet haben.

So beruht z. B. die Uebereinstimmung zwischen der indischen Philosphie mit den Lehren einiger der älteren griech. Schulen nicht anf Entlehnung der einen von der anderen, sondern beide Völker haben unabhängig von einander ihre philosophischen Systeme gebildet (vergl. Lassen: indische Alterthumskunde I. S. 862.). So könnten sonst viele Lehren Buddha's, der fast gleichzeitig mit dem babylonischen Exil als indischer Reformator auftrat, im Talmud wieder gefunden werden, daß z. B. die weltlichen Dinge einem beständigen Wechsel unterworfen sind (Sabbat 151. b.), daß es eine unendliche Folge von Geburten und Wiedergeburten gebe (Sanhedr. 38. a.), daß der Vater durch den Sohn sühnt, dieser sein Rettungsnachen wird (Sanhedr. 104. a.), daß die Erkenntniß nicht geerbt werde (Abot c. 2. 20.), daß Jeder berufen sei, wenn er nur befähigt sei, die Wahrheit zu erforschen und sie zu lehren (Kidduschin 66. a.) u. vergl. dazu Lassen (ibid. II. S. 439.) In der That aber hat der Buddhaismus keine Einwirkung auf den Essenismus geübt und die Anschauungen im letzteren sind durchaus nicht dem ersteren entlehnt vergl. Geiger (Jüd. Zeitschrift Bd. IX. S. 32. u. Bd. XI. S. 197.)

Dasselbe gilt mit Fug in Bezug auf den Parallelismus, der sich aus den Berichten über die heidnischen Araber, über andere heidnische Nationen und das jüd. Volk barbietet. Nicht allein in Rom trieben nichtswürdige Weiber ihr Spiel mit Zauberdingen (vergl. Forbiger Hellas u. Rom I. S. 270.), sondern selbst in jüd. Kreisen kam dies nicht selten vor (vergl. Jeruschalmi Sota c. 9; 4.)

Schon der Synhedralpräsident R. Simon b. Schatach soll achtzig Zauberinnen haben verbrennen lassen. (Sanhedr. 45. a. vergl. Jeruschalmi Chagiga c. 2.) Eine Furie versuchte einen Amoräer, obschon vergebens, zu bezaubern (Chulin 7. b., vergl. Erubin 64. a. Abot c. 2. 5.) und eine Vorsteherin von Furien theilte einem jüd. Lehrer Schutzmittelchen gegen Zauberei mit. (Pesachim 110. a. vergl. Sanhedr. 91. a. Barachot 34. a. 55. b.) Auch die heidnischen Araber waren der Hexerei und Zauberei ergeben. (de Perceval ibid. I. p. 350.)

War es griech. Sitte, daß die Jungfrauen eine Haarlocke der Diana weihten (Böttiger ibid. S. 138.) und daß die Bräute, ehe sie der Aphrodite folgten, zuvor der jungfräulichen Artemis eine Haarlocke opferten (Lassaulx: die griech. Ehe S. 71.), so weihten die heidnischen Araber auch ihrer Gottheit das abgeschnittene Haar, als Symbol der liebevollsten Hingebung (vergl. Krehl: über die Religion der vorislamitchen Araber S. 14.).

Wie im Talmud (Sabbat 151. a., Erubin 100. b., B. Batra 73. a., Niddah 24. b.) eine Hexe „Lillith" (vergl. Jes. 34. 14.) genannt wird, nach welcher ein eigenthümliches Haarschneiden bezeichnet wurde (vergl. Sanhedr. 22. b.), die sehr langes Haar hatte, so kommt auch in arab. Legenden eine „Gassâra" vor, die so langes Haar hatte, daß sie dasselbe auf dem Boden nach sich zog. (Sprenger ibid. S. 460.)

Galt bei den heidnischen Arabern das Scheeren der Haare als Zeichen der Trauer (Krehl ibid. S. 33. Anm. 1.) und einem Gefangenen die Locken abzuschneiden als ein Schimpf (vergl. 2. Sam. 10. 4.), der von Stammesgenossen bitter gerächt wurde (Sprenger ibid. III. S. 389.) so setzte ja die jüd. Sitte bestimmte Termine fest, nur an denen das Haar abzuschneiden sei (vergl. Taanit 17. a., Sanhedr. 22. b.)

Daher hält es auch schwer bei Mohamed, der in den Vorurtheilen seiner Zeit und seines Volkes aufgewachsen und ohne alle literarische Bildung war, die fremden Quellen genau anzugeben, aus denen er geschöpft haben mochte. Mohamed, obschon er den Aberglauben zu bekämpfen auftrat, war in vielen Stücken noch sehr abergläubisch. (Nöldeke, das Leben Mohameds S. 186.) Er legte nicht allein manchen Schlangen eine Zauberkraft bei (vergl. Nöldeke in der Zeitschr. für Völkerpsychologie u. Sprachwiss. I. S. 145.), sondern erkannte die Wunderkraft der Haare an. Er ließ das Haar seines Sohnes am siebenten Tage der Geburt abscheren und vertheilte bei dieser Gelegenheit so viele Geldstücke an die Armen, daß die Schwere der Stücke dem Gewichte der Haare gleich kam. (Gagnier II. p. 194.) Er ließ nicht allein Haare zum Schutze gegen plötzliche Ausfälle der feindlichen Reiterei rings um das Lager, als Chevaux de friese, streuen (Sprenger ibid. III. S. 331), sondern schrieb seinem eigenen Haare mysteriöse Kraft zu (Gagnier ibid. II. p. 8. u. 265. u. vergl. eine höchst komische Erzählung bei Gagnier I. p. 43. bis 45 u. Weil ibid. S. 94.) Er pflegte seine Haare auf eine bestimmte Weise zu scheeren (Gagnier ibid. II. S. 263) — wie es auch ein jüb. Lehrer viel Geld dafür verschwendet hat, um zu erfahren, wie einst der Hohepriester sein Haar geschoren getragen hatte. (Taanit 17. a., Sanhedr. 22. b.) — anfangs nämlich scheitelte er die Haare nicht wie die Araber, sondern trug sie wie die Juden über die Stirn gekämt; erst später bequemte er sich in seiner Frisur zu der arab. Mode (Sprenger ibid. III. S. 45.), für welche Eitelkeit mit den Haaren er sich einen scharfen Tadel zuzog (Gagnier ibid. II. p. 323.) und auch sonst von seinen eigenen Stammgenossen und Verwandten verspottet und verhöhnt wurde (vergl. de Perceval ibid. I. p. 369—371.).

Allein, da der Einfluß des Judenthums auf Mohamed hinlänglich bewiesen ist, so ist die Kritik vollständig berechtigt, an den Faden des vergleichenden Parallelismus anzuknüpfen, um, aus dem Wirre des Labyrinth von Berichten, den eigentlich historischen Pfad zu finden und mit der Fackel der Wahrscheinlichkeit der Wahrheit näher zu rücken.

Mohammed

nach

Talmud und Midrasch.

Kritisch-historisch

bearbeitet

von

Dr. Isaac Gastfreund.

> Ohne Waagschale und ohne Gewicht, ohne Maß-
> stock und ohne Teleskop dennoch die fernsten und die
> feinsten Dinge erkennen, abwägen, ermessen, prüfen,
> sondern und verbinden, und allein mit jenem kaum
> definirbaren Tact verschollene Thatsachen zu derjeni-
> gen Evidenz erhärten, mit welcher wir die gegen-
> wärtigen durch sinnliche Anschauung erkennen, das
> ist die wundervolle Arbeit des historischen Forschers.
> (Prof. Dr. M. Lazarus: „Ueber die Ideen in der
> Geschichte", in seiner Zeitschrift für Völkerpsycho-
> logie und Sprachwissenschaft Bd. III., S. 394.)

II. Abtheilung.

Wien, 1877.
Im Selbstverlage des Verfassers.

Des Verfassers Werke:

Preis

Biographie des Tanaiten R. Akiba (hebräisch) . . . 60 kr.
Mohammed nach Talmud und Midrasch I. Abtheilung . 60 „
Aeußere Einflüße auf Sage und Sitte . . . . . . 50 „
Mohammed nach Talmud und Midrasch II. Abtheilung . 80 „

sind beim Verfasser:

Wien, II., Schreigasse Nr. 9

portofrei zu beziehen.

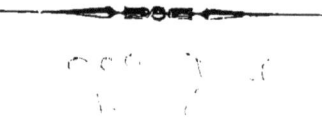

Inhaltsverzeichniß.

VI. Allgemeiner Ueberblick.
VII. Die Juden in Arabien.

Druck von M. Waizner, Wien, I., Giselastraße 11.

Sr. Hochwohlgeboren

Herrn

Professor Dr. M. Lazarus,

edlen

Präsidenten

der

Hochschule für die Wissenschaft des Judenthums,

hochachtungsvoll

gewidmet

vom

Verfasser.

VI.
Allgemeiner Ueberblick.

Die günstige Beurtheilung, welche die erste Abtheilung erfahren hat, beförderte die zweite, da sie sich als Fortsetzung eng an die erstere anschließt.

Die Anforderung, daß jede Wissenschaft mit dem Leben verbunden sein muß, auf daß ihre Resultate zum Gemeinwohle beitragen können, tritt daher auch an die gegenwärtige Untersuchung heran.

Denn auch sie, obschon sie sich von jeder politischen Frage ganz und gar fern hält, und sich ausschließlich nur innerhalb der Grenzen der wissenschaftlichen Forschung bewegt, kann praktische Resultate zu Tage fördern.

Beziehungen zwischen Judenthum und Islam sollen nämlich ihre wohlthuende Wirkung auch auf deren Bekenner erstrecken.

Da der Islam nicht allein mit den Grundlehren der heiligen Schrift[13]), von denen Herr Hofrath v. Kremer trefflich sagt, daß die Gebote des Sittengesetzes, wie sie Moses vor dreitausend Jahren verkündigte, mit jenen übereinstimmen, welche die Menschen noch heute ohne Unterschied ihrer verschiedenen Culturstufen beherrschen. (Geschichte der herrschenden Ideen ꝛc. S. 120), sondern auch mit den Weisungen der Talmudlehrer geschwängert und durchdrungen war[14]), so müßte er folgerichtig den Anhängern Förderung des Glückes bringen.

---

[13]) Gebote der heiligen Schrift werden in den Traditionen erwähnt: Der Prophet ließ das Gefundene während eines Jahres auf dem Markte in der Moschee oder an einem anderen Orte ausrufen. Meldete sich während dieser Frist kein Eigenthümer, so gehörte es dem Finder, (Miškat II., p. 65, vergl. Deuter 22 v. 2), wie es auch einst in Jerusalem einen zu diesem Behufe bestimmten Ort gab. (B. Mezia. 26 b.) Er befahl, gefangene Vögel wieder frei zu lassen, weil deren Mutter bei der Gefangennahme zugegen war. (Ibid I., p. 566 und II., p. 179, vergl. Deuter. 22 v. b.) Wer in einen fremden Garten kommt, darf da von den Früchten genießen, nichts aber davon mit sich mitnehmen. (Ibid. II., p. 44, vergl. Deuter. 23 v. 25.) Er fluchte sowohl den Empfänger als den Geber von Bestechung (Miškat II. p. 227, vergl. Deuter. c. 16, v. 19), welcher Fluch bereits (in Mechilta ed. Friedmann S. 100 a.) noch umständlicher ausgesprochen war. Er fluchte dem Manne, der Weiberkleider und dem Weibe, welches Männerkleider anzieht (Miškat II., p. 360 und p. 364, vergl. Deuter. 22 v. 5.)

[14]) Von den achtundzwanzig Fragen, welche fünf jüdische Deputirte im Namen ihrer Glaubensgenossen und der Korahjiten dem Mohammed vorlegten (Chronique de Tabari ed. Zotenberg. 1., p. 16 — 18.), mögen hier nur Einige Platz finden, die in der Agada bereits besprochen wurden — worauf der triftige Wink hinweist, daß der Prophet zehn Tage betrübt war, ohne daß er Antwort zu geben vermochte (ibid p. 19.) — und auch ihre Lösung fanden.

Wahrlich! Die Gründer der moslimischen Weltherrschaft waren nicht bloß Fanatiker, sondern Männer voll Thatkraft und Umsicht, welche Lust am Leben hatten, dabei aber für erhabene Eindrücke empfänglich waren. (Sprenger I., S. 457 — 58.) Freilich gab es Zeiten, während welcher der Islam eine Religion des gewaltsamen Proselytismus war, die den unterjochten Völkern die einzige Wahl ließ, beim Festhalten am alten Glauben in der drückendsten Unterjochung das Leben als Gnadengeschenk aus der Hand der herrschenden Moslems zu empfangen oder mit Annahme des Islams zur vollsten Gleichberechtigung mit den Eroberern zu gelangen. (vergl. v. Kremer: Egypten S. 46.) Allein, mit Fug und Recht sagt Herr Hofrath v. Kremer, daß der Islam im Anfange seines Bestehens keineswegs unduldsam war, daß er die mittelalterliche christliche Religionspolitik, die sich durch eine wilde Verfolgungssucht auszeichnete, gewiß weitaus übertraf. (Culturgeschichte des Orients II., S. 166.)

Forscht man nun den tiefen Grund dieser am Horizonte des bewölkten Himmels uns entgegenleuchtenden Erscheinung mit wissenschaftlichem Ernste nach, so findet man ihn in dem Umstande, weil der Islam in seinem Anfange von den ursprünglichen Lehren, aus denen er gebildet ward, beherrscht war.

Ausdrücklich bestimmte Mohammed, daß, wer im Judenthume bleibt [15]), nicht abtrünnig gemacht werden soll, und daß jeder Erwachsene, ob frei oder Sklave, Mann oder Frau, einen

---

Auf die Frage, was denn Gott, seitdem er die Welt schuf, noch thue, hat bereits ein Talmudlehrer einer Matrone erwidert, daß Gott sich mit Eheverbindungen beschäftige. (Rab. Gen. c. 9, Schochar Tob. Samuel c. 5.)

Die Frage über den Berg Kaf, daß Niemand zu ihm kommen kann, weil man vier Monate in Finsterniß gehen muß (ibid. p. 33) und daß Dsoûl-Qarnaïm zwei Monate innerhalb dieser Finsterniß marschirte, ohne daß er seinen Zweck erreichte, weil er dann noch zwei Monate in der Finsterniß hätte marschiren müssen, ist aus der Erzählung entlehnt, daß Alexander d. G. zu den Königen Kazaih, welche hinter den Bergen der Finsterniß*) wohnen, gezogen hätte. (Pesikta ed. Buber S. 74.)

Die Frage: wer der erste Mann war, dessen Haare und Bart weiß wurden und Mohammeds Antwort, daß es Abraham war, entsprechen wohl der Agada. (B. Mezia 79 a., Rab. Gen. c. 65 und Parallelstellen.)

Was schließlich die zwei Engel Harut und Marut betrifft, so ist zunächst über das schöne und tugendhafte Weib, welches in die Venus verwandelt wurde (Fundgruben des Orients I., S. 8), zu bemerken, daß, wie dieser Planet verschieden genannt wird, bei den Arabern nämlich „Sohre", bei den Persern aber „Anahit" (v. Hammer: die Geisterlehre c. S. 7 — 8), dieses Weib in der spätern Agada bald Astarte (Jalkut. Gen. §. 44), welche Benennung dem Worte „Sahar" = Mond entspricht, und der Mond wiederum mit der Venus oft verwechselt und vertauscht wurde; namentlich kommt auf den Monumenten des Astartedienstes der Venusstern gewöhnlich vor (vergl. Münter: Die Religion der Babylonier S. 107), auch „Nahma", welche die Schwester des Tubal-Kain (Gen. 4, 22) war, genannt. (Jalkut. Gen. §. 161)

[15]) Als einst Mohammed, als eine Todtenbahre vorgetragen ward, aufstand, und seine Jünger dagegen den Einwand erhoben, daß der Verstorbene ein Jude sei, versetzte er: „War er ja der Inhaber einer Seele, welche wir als Vorbild und Muster betrachten sollen." (Miskat I., p. 380).

*) Hinter welchen Bergen der Finsterniß die beiden Engel Uso und Asasel versetzt worden sein sollen. (Jalkut Chadasch S. 111 b.)

vollen Dinar oder dessen Werth an Stoffen entrichte. (Ibn Hischam ed. Weil II., S. 311.) Daher sahen einst die Juden in Persien mit Freuden dem mohammedanischen Eroberer entgegen, weil sie wußten, daß er sie, als Bekenner der heiligen Schrift, nicht verfolgen, sondern nur mit Tribut besteuern würde. (vergl: Les religions et les philosophies dans l'Asie central par M. Comte de Gobineaux p. 56).

Insbesondere wirkte der Islam, als Schoßkind des Judenthums, segenreich und wohlthuend in jenen entfernten Gegenden, wohin vorher kein Lichtstrahl der Cultur gedrungen war! Und zeigte sich etwa der Islam in den Ländern der Civilisation der Wissenschaft abgeneigt? Oder legte er etwa dem Fortschritte Hindernisse in den Weg? Keineswegs! (vergl. de Gobineaux ibid. p. 26 — 28.)

Wie groß ist doch die Thorheit der Weisen, ruft Wuttke (in der Zeitschrift der deutsch. morgl. Gesellsch. Bd. 9. S. 137.) aus, die fort und fort versichern, daß der Islam der höheren Ausbildung der Völker im Wege stehe!

Was ist es, daß in der Geschichte des Mittelalters, wie Sprenger sagt (I., S. 264), den Moslemen in jeder Beziehung der Vorrang vor anderen Religionsgemeinden zugesprochen werden muß? Nicht etwa deren große Werthschätzung der Cultur und unermeßliche Förderung der Wissenschaft?

Hören wir nun die diesbezüglichen Traditionen, wie sie unumwunden den unbedingten Werth der Wissenschaft laut verkünden: Der Prophet wurde über zwei Juden, von denen der Eine ein Gelehrter war, der seine Kenntnisse dem Volke mittheilte, der Andere ein Frommer, der den ganzen Tag fastete und die ganze Nacht betete, befragt, welchen von Beiden nun der Vorzug zu geben sei? Er antwortete: Der Erstere steht höher über den Letzteren in demselben Verhältnisse, in welchem ich zu Euch stehe. (Miśkat I., p. 63.) Der Unterschied zwischen einem Gelehrten und einem frommen Beter gleichet dem des Vollmondes und der Sterne (ibid. p. 59).

Und war eben diese Pflege der Wissenschaft etwa nicht die Ursache, daß im elften Jahrhunderte die Civilisation des Orients jener von Europa weit vorangeeilt war! (v. Kremer Culturgeschichte ꝛc. I., S. 459 Anm. 2.) Denn nach der Prophetentradition ist es unerläßliche Pflicht der Muselmänner, sich regelrechtes Wissen zu erwerben. (Hanneberg: Ueber das Schul- und Lehrwesen ꝛc. S. 5, Anm.) Wie wird nun die Brust Israels von innerer Zufriedenheit erfüllt in dem Bewußtsein, daß all' dieser Segen vielleicht gar aus einem talmudischen Ausspruche entsprungen sei! — Denn entspricht diese Hochachtung der Wissenschaft etwa nicht jenem erhabenen Gedanken, daß selbst ein Heide, der die Pflichten der Thora erfüllt, dem Hohenpriester gleichzustellen sei (Jalkut Achra-mot §. 591.) und daß ein gelehrter

Bastard höher, als ein unwissender Hohepriester zu schätzen sei. (Horiot. 12. b.).

Denn jeder wirkliche Fortschritt wird nur durch den Mann der Wissenschaft vermittelt, dessen Drama die Geschichte und dessen Theophanie die Welt ist! — (Sprenger I., S. 268.)

Wahrlich! nur eine Rückkehr aus dem Mysticismus und Heiligendienst zu den Lebensansichten der Zeitgenossen des Propheten und die Wiederbelebung ihres praktischen Geistes in zeitgemäßer Form könnte zu dauernden Resultaten führen. (Ibid. S. 458.)

Und heißt die Rückkehr zu dem Geiste der Zeit des Propheten etwa anders, als den reinen Lehren des Judenthums Anerkennung und Achtung zu zollen? — Müßten dann etwa nicht, bei solcher reifen Erkenntniß, die Träger und Bekenner des Judenthums Dankbarkeit ernten? —

Diese berechtigte Hoffnung möge sich früher oder später bei den Israeliten im Orient erfüllen, auf daß auch ihnen völlige Gleichberechtigung zu Theil werden solle. (Vergl. d'Ohsson: Allgemeine Schilderung des ottomanischen Reiches ꝛc. I., S. 13.)

Möge endlich der Geist der Wissenschaft, für welche der Orient und Occident stets thätig ist, in allen Kreisen die Erkenntniß verbreiten, daß die Pfleger derselben, fern von jedem Widerwillen gegen Andersdenkende, Niemanden verletzen wollen, da ihr einziges Streben ein ideales sei, um die Wahrheit zu fördern und zu befestigen! —

VII.
Die Juden in Arabien.

Nicht ihre politische Geschichte, nicht ihre ethnographische Ausbreitung, auch nicht ihre gebietende Macht und einflußreiche Stellung soll hier geschildert werden, da diese Forschungen eine eigene Arbeit für sich beanspruchen. Hier sollen vielmehr kurz und bündig die Fragen gelöst werden:

Wie war der geistige Zustand der jüdischen Gelehrten, insbesondere der Culturgrad der Menge in Arabien zur Zeit Mohammeds beschaffen? —

War Sitte und Gebrauch von den Satzungen des Talmuds bedingt und streng geregelt? —

Da nun die Beantwortung dieser Fragen sich leichter erst nach der Lösung einer anderen Frage ergeben wird, so beginnen wir zunächst mit dieser letztern:

Wann geschah nämlich die Einwanderung der Israeliten in Arabien? R. Zemach Gaon erzählt aus einem Midrasch [16]), daß schon unter Nebuchadnozar die Bene-Mosche nach Arabien deportirt worden sind, und der Reisende Binjamin erzählt, daß die ostjordanischen dritthalb Stämme, nämlich Reüben Gad und der Halbstamm Menasche durch Schulmanasser noch vor dem ersten Tempelbrand dahin exilirt worden seien.

Ebenso erzählen mohammedanische Schriftsteller, daß die Juden schon zur Zeit Moses nach Hogâz kamen. Andere berichten, daß sie erst, nachdem Nebuchadnozar ihr Land unterjocht und Jerusalem zerstört hatte, dahin wanderten. (Chronique de Tabari I., p. 493. Wüstenfeld: Geschichte der Stadt Medina S. 28 und de Sacy in Memoire de Literature etc., Tome VIII., p. 595.)

Allein, unumstößliche Beweise sprechen unzweideutig dafür, daß die Israeliten in Arabien mit dem Talmud bekannt und vertraut waren, obschon, wie Herr Prof. Grätz (Geschichte der Juden V., S. 137.) sagt, der Talmud im siebenten Jahrhundert noch wenig bekannt war und wenig studirt wurde.

---

[16]) Herr Oberrabbiner Salm. L. Rapoport (in Bikure haitim Jahrg. 1822 Bd. II., S. 63—64) gesteht ein, nicht zu wissen, wo dieser Midrasch sich etwa vorfände! — Ich vermuthe ihn in der Stelle in Rab. Echa (c. 2.) und Jalkut Jesaia (21. §. 379) zu erkennen. Sie lautet: Achtzigtausend aus dem priesterlichen Geschlechte brachen sich durch die Heere des Nebuchadnozar Bahn und schlugen den Weg zu den Ismaeliten ein, wo sie aber, anfänglich zwar freundlich aufgenommen, indessen von der Tücke und Falschheit der Araber auszustehen hatten. Die Variante von diesem Berichte in Tanchuma (P. Jitro c. 5), daß es nicht bewaffnete, frei einhergezogene Männer, sondern in Ketten nach Babylon geführte Gefangene waren, welche vor den Ismaeliten vorbeizogen und so unmenschlich betrogen wurden, ist offenbar eine spätere Umarbeitung.

Wir müssen vielmehr behaupten, daß, mochten auch manche jüdische Familien schon in jener frühen Zeit nach Arabien[17]) gewandert sein, sich der Kern und die große Menge aus jenen jüdischen Flüchtlingen bildete, die erst zur Zeit der Zerstörung des zweiten Tempels durch Titus nach Arabien drangen! Auch unterliegt es keinem Zweifel, daß, da der große R. Akiba seine Glaubensgenossen in Arabien, die wahrscheinlich damals schon mächtig und waffengewandt, unabhängig und kriegslustig waren, besuchte (Rosch-haschana. 26, 6, Synhedr. 114, b, Jebamot 98, a.) und mit einem arab. höchst wahrscheinlich jüdischen Könige eine Unterredung pflog, (Rab. Num. c. 9. Jalkut Jerem. 22, §. 305. Vergl. Chulin 49, a.) um ihr Interesse für ihre Brüder unter den Römern zu erregen, als der furchtbare Aufstand unter Bar Kochba mißlang, viele jüdische Flüchtlinge sich zu ihren unabhängigen arabischen Brüdern retteten.

Auch zur Zeit des Kaisers Aurelian kamen neue Flüchtlinge nach Arabien.

Als nämlich Aurelian die vorübergehende Herrschaft der berühmten Zenobia, die selbst Jüdin wurde oder wenigstens aus Politik Juden in ihr Reich aufnahm und begünstigte, vernichtete, sahen sich die Juden genöthigt, um sich der rächenden Gewalt der Römer zu entziehen, Zuflucht bei den Sarrasinen, den eifrigen Anhängern der Zenobia, und in der arabischen Wüste zu suchen, von wo aus sie sich nach Medina zu ihren daselbst schon mächtigen und zahlreichen [18]) Brüdern begaben. (De Sacy ibid p. 596—97).

---

[17]) Zu denen der jüdische Stamm Koraytzit gehört haben mochte, weil er sich rühmte, Nachkommen des Aaron und der Hohenpriester zu sein (vergl. Sprenger III., S. 205. Herr Rapoport (ibid.) vermuthet, daß die Juden zu Chaiber von den Bene-Keni (Richter I., c. 16) herstammen, bei denen sich einige heilige Schriften, wie das Sepher Hajaschar, das Buch des Sehers Gad und der Midrasch des Propheten Jdau erhalten haben mochten. Diese Vermuthung erhält zwar keine Bestätigung, wohl aber eine triftige Verstärkung durch Petermann's Bericht, daß die Juden in Chaiber den Talmud nicht kennen und nichts von ihm wissen wollen, daß nächst Moses sie den Ezra verehren, schöne Gesetzbücher namentlich den Pentateuch und andere uns ganz unbekannte alte Schriften in einer jetzt unbekannten Schrift haben und, daß ihre Rabbinen ihre Scheichs sind. (Reisen im Orient II, S. 272.) Auch die Vermuthung Rapoport's (ibid.), daß die arab. Juden auch von den Nachkommen Rechab's (Jeremia 35, 2.) herstammen, findet seine Begründung darin, daß schon vor dem Islam der Titel: Rahib-Ascet-Einsiedler bedeutete (vergl. Sprenger I., S. 178 Anm. 2,) womit auch der Umstand zusammenhängt, daß die heidnischen Araber sich theilweise des Weines enthielten (vergl. Sprenger ibid. S. 316) wahrscheinlich von den Rahabiten (vergl. Jeremia ibid. v. 6—9 entlehnt. Daß also Israeliten frühzeitig nach Arabien kamen, darf nicht Wunder nehmen, da sie ja noch zur Zeit der Makkabäer bis nach China vordrangen. (J. de Guiignes in Memoire de Literature etc., Tome VIII., p. 765.)

[18]) Wie zahlreich die Juden in ganz Arabien gewesen sein mochten, — da sie einst alle Oasen von Syrien bis Medina bewohnten — ist schon daraus zu ermessen, daß man ihre Zahl in Jathrib allein auf 7000—8000 veranschlagen kann (Sprenger III., S. 6, Anm. 1). Ich vermuthe daher, da das Wort „el Medyna" nicht ein arabisches sei (Sprenger I., S. 62, Anm.1), daß es das hebräische Wort „Medina" sei, welches ursprünglich Ortschaft und Land bedeutet,

Da also die Niederlassungen der Juden in der Gegend von Jathrib, wie Herr Nöldeke (Beiträge zur Erkenntniß der Poesie der alten Araber, S. 53) sagt, wahrscheinlich erst durch jüdische Flüchtlinge nach der Unterwerfung Palästina's durch Titus oder Hadrian entstanden seien, da sich bei einer früheren Abtrennung vom Hauptstamm schwerlich der sicher bezeugte geistige Zusammenhang mit demselben nicht bloß in Bezug auf das schriftliche Gesetz, sondern auch auf Halacha und Agoda bei diesen räumlich so abgeschlossenen und übrigens ganz arabisirten Stämmen hätte erhalten können, so ist es erklärlich, daß Mohammed und seine Anhänger aus dem bloß mündlichen Verkehr mit den Juden eine solche Fülle von der jüdischen Literatur sich aneignen konnten, wie dies die vielen Traditionen, welche eine Menge religiöser und wissenschaftlicher Anschauungen enthalten, die dem Judenthume angehören, unwiderlegbar beweisen.

Denn es unterliegt keinem Zweifel, daß die Juden in Arabien mit den Talmudlehrern im Auslande häufig in Verkehr traten, so daß gegenseitig geistige Berührung und lebhafter Austausch von Gedanken stattfand.

Denn obschon Arabien in alter Zeit dem Auslande unzugänglich blieb, so mochte doch schon frühzeitig Mancher — sei es aus kaufmännischem oder sonstigem Grunde — nach dem Auslande gereist sein. Machten sich ja schon früh fremde Culturwirkungen trotz der scheinbaren Abgeschlossenheit der arabischen Halbinsel geltend (v. Kremer, Culturgeschichte ꝛc., II., S. 215).

So kamen Araber noch zur Zeit des Bestandes des zweiten Tempels nach Jerusalem. [19]) Denn nicht allein sprach der Hohe-

---

und allmälig der Name des Gebietes auf die Stadt übertragen wurde, wie es im Oriente Sitte ist. (Vgl. Sprenger III., S. 272, Anm.)

[19]) Daß die Juden mit den Arabern, schon der semitischen Verwandtschaft wegen, manche Tugend gemeinsam hatten, bezeugt die „**Gastfreundschaft**" welche bei beiden Völkern ganz unabhängig sich aus deren innerem Wesen herausbildete*).

Obschon die Gastfreundschaft bei Beiden zu einer Zeit bereits entwickelt war, wo noch keine nähere Berührung zwischen Beiden stattfand, so war diese Tugend doch bei Beiden schon gleich so hochgeachtet, daß man um deren Erfüllung bei Beiden mit gleichem Eifer bestrebt und bemüht war. Eine weit verbreitete Sitte war es in Jerusalem, daß man **eine Decke an der Thür zu legen** pflegte, um die Fremden durch dieses Zeichen zum Eintritt einzuladen. (B. Batra 93 a).

Die alten Araber hatten die Gewohnheit, auf Anhöhen Feuer anzuzünden, um dem Reisenden den Weg zu zeigen, wo er Herberge finden könne. — Dieses Feuer ward „**das Feuer der Gastfreundschaft**" genannt. (De Pastoret ibid. p. 358, Anm. 717, und etwas verändert bei Fresnel ibid. p. 17). Diese Tugend blieb den Juden auch nach der Zerstörung Jerusalems eigen. Daher lehrten die späteren Talmudlehrer, daß, wie man früher, zur Zeit des Bestandes des Tempels, durch den Altar sühnte, so sühne man jetzt durch den freigebigen Tisch (Chagiga 27 a.), daß das Verdienst, Fremde im Hause

*) Allerdings war die Entwickelung und Ausbildung dieser Tugend bei den Juden, die damals staatliche und bürgerliche Einrichtungen im hohen Maße einer weit fortgeschrittenen Cultur bereits seit Jahrhunderten besaßen, verfeinerter und im Geiste der Humanität des Judenthums veredelter, als bei den in patriarchalischem Zustande noch beharrenden und noch ohne Civilisation dahinlebenden Arabern.

priester Simeon b. Kimchis mit einem arabischen Könige auf der Straße in Jerusalem (vergl. weiter unten Anm. 37.), sondern zur Zeit des R. Jochanan b. Saccai, unmittelbar vor der Zerstörung des Heiligthums, waren viele Araber in Jerusalem anwesend (vergl. Kethubot 62 b., Siphri ed. Friedmann S. 130 a. und etwas verändert in Mechilta ed. Friedmann S. 61 b.) Dieser Verkehr nahm mit der Zeit immer mehr zu. Als nämlich Arabien, welches stets unabhängig war, unter Trajan eine römische Provinz wurde (vgl. die Preisschrift: Zoroastre, Confucius et Mohamet etc. par M. de Pastoret. p. 366), da wurden die Beziehungen mit den Talmudlehrern immer mehr erweitert und ausgedehnt.

Nicht allein besuchte R. Akiba seine Glaubensgenossen in Arabien (vergl. oben S. 10.), sondern die Talmudlehrer, welche am Ende des zweiten und am Anfang des dritten Jahrhunderts nach der Zerstreuung Israels lebten, spielen in ihren Auslegungen und Deutungen auf arabische Verhältnisse und Vorgänge immer häufiger und umständlicher an.

Da schon in den ersten Jahrhunderten sich verschiedene Stämme arabischer Abkunft an den Grenzdistrikten Arabiens gegen Syrien niederließen, die eigene Könige hatten (v. Kremer: Mittelsyrien und Damaskus S. I. und S. 93), so mochten die Juden, welche selbst nach der Auflösung des jüdischen Staates zahlreich in Syrien wohnten, von diesen arabischen Niederlassungen manche Unbill auszustehen gehabt haben.

Ist es denn etwa nicht wahrscheinlich, daß R. Chija auf diese drückende Lage Bezug nehme, wenn er sagt: daß, weil Gott es wußte, daß Israel die Bedrückungen der Ismaeliten nicht aushalten werde, er sie deswegen nach jenem Landstrich des Euphratgebietes, welchen wir „Babylon" nennen, versetzte. (Pesachim 87 b.). Und als R. Josua b. Levi nach jener Gegend kam und den mißlichen Zustand seiner Brüder wahrnahm, rief er mit verbitterter Entrüstung aus: Land, Land! — wozu erzeugst du deine Früchte für die Araber, welche nun über uns herfielen? (Kethubot 111 a.). Dieser R. Levi war mit der arabischen Sprache, Redensart und Sitte sehr bekannt. Denn dieser Talmudlehrer wird nicht allein selbst als Erklärer dunkler Worte (vergl. Rab. Gen. c. 36, und Rab. Levit. c. 1 und c. 5; und Jalkut divre hajamim 4, §. 1075; Rab. Exod. c. 42; Rab. Gen. c. 27, Rab. Levit. c. 25 und Jalkut Jiob c. 38, §. 925; Rab. Echa. c. 2), als Erläuterer sprachlicher Wendungen (vergl. Rab. zum h. Liede c. 4, 1, und Tanchuma P. Teruma c. 9), als Augenzeuge über heidnische Sitte (Rab. Echa. c. 9; Jalkut Ezechiel

---

freigebig zu bewirthen, größer sei, als der frühe Besuch des Lernhauses. (Sabbat 117 a., Jalkut §. 82).

Und weil diese Tugend sowohl bei den Juden, als bei den Arabern in Uebung war, daher nahm sie auch der Islam als religiöses Gesetz auf: Die Engel hören nicht auf, Euch Gutes anzuwünschen, so lange der Tisch gedeckt ist (v. Hammer: Die Geisterlehre S. 19).

c. 20, §. 361) angeführt, sondern sogar andere Talmudlehrer erzählen in seinem Namen Worterklärung (vergl. Rab. Levit, c. 30) und sachliche Berichterstattung (vergl. Tanchuma P. Tasria c. 6, und Jalkut Jiob c. 9, §. 902, ibid c. 38, §. 924), die aus Arabien herrühren. Ja, zuweilen werden nicht allein Worterklärungen aus Arabien (vergl. Rab. Exod. c. 3, und Rab. Rut c. 5) und die Kochkessel der Araber erwähnt (Siphra ed. Weiss S. 10 b), sondern Berichterstattungen über heidnische Sitte schlechtweg und anonym angeführt, von denen folgende hier Platz finden möge.

Daß man im heidnischen Arabien, sobald der Regen ausblieb, an den Schwänzen von Kühen, welche auf ein dürres Gebirge gebracht wurden, Füllhaare und dornige Staude zu heften und hierauf anzuzünden pflegte, im Glauben nämlich, daß sich Gott doch der Kühe erbarmen und Regen schicken werde, um das schmerzende Feuer auszulöschen (F. Fresnel: Lettres sur l'histoire des Arabes avant l'islamisme p. 39), berichtet, obschon abweichend und verändert, eine jüdische Erzählung, daß man nämlich in Arabien an einem Fasttage — der wahrscheinlich wegen Regenmangel, der bekannten jüdischen Anordnung gemäß, anberaumt war — die Kälber im Innern einzuschließen und die mütterlichen Kühe draußen zu lassen, und wenn diese hierauf sich gegenseitig anblöckten, zu sagen pflegte: „O, Herr der Welt! — Erbarmest Du Dich nicht unser, so erbarmen wir uns nicht dieser da." — (Jeruschalmi Taanit c. 2, 1; Pesikta ed. Buber, S. 144 a.; vergl. auch ibid S. 74).

Nun trat Arabien im sechsten Jahrhundert mit dem Auslande, mit Griechen und Syrern, mit Persern und Abyssiniern erst recht im eigentlichen Verkehr (Renan in Revue des deux mondes, Tome 12, p. 1098), in welcher Zeit auch die arabischen Juden inniger mit ihren Brüdern im Auslande verbunden waren. Insbesondere mochten sie damals mit den Saboräern und den ersten Gaonen Verbindungen gepflogen haben, da die in deren berühmten Hochschulen ausgearbeiteten Zusätze zum Talmud auch auf die Verhältnisse der Juden unter moslemischer Herrschaft Bezug genommen haben.

Auf die unter mohammedanischer Botmäßigkeit lebenden und Tribut zahlenden Juden spielt ein Agadist trefflich an: „Ihr wolltet nicht dem Himmel dienen, da müsset ihr nun den arabischen Völkern untergeordnet sein; ihr wolltet nicht die Kopfsteuer als Almosen spenden, da müsset ihr nun der Regierung eurer Feinde Tribut geben. (Jalkut, Könige c. 5, §. 181).

Wir können demnach sicheren Schrittes der obgedachten Frage uns nähern, um deren Lösung mittelst der Wahrscheinlichkeit herbeizuführen.

Da nämlich die Menge der Juden in Arabien sich vollständig arabisirte und sich nur durch ihr religiöses Bekenntniß von den Landesbewohnern unterschieden (Grätz. ibid S. 84), so liegt die Vermuthung nicht fern, daß die hebräische Sprache immer mehr in Vergessenheit gerieth, so daß deren Kenntniß dem Verständnisse des Volkes nun allmälig entrückt wurde. Denn lehrt etwa nicht die Geschichte der Gegenwart, daß den Juden in jenen Ländern, wo sie sich den Staatsbürgern völlig assimiliren und von den ihnen gewährten Rechten uneingeschränkt genießen wollen, die Lernbegierde der hebräischen Sprache leider abgeht, so daß die Kenntniß derselben und somit die des reinen Judenthums leider in Vergessenheit geräth! — Müßten da etwa nicht die Uebersetzungen in die verschiedensten Sprachen diesem einreißenden Uebel steuern?

Mögen die jüdischen Gelehrten in Arabien sich selbst im Arabischen der hebräischen Quadratschrift bedient haben (Grätz. ibid S. 86, Anm. 1) — welche Behauptung allerdings ihre giltige Bestätigung findet, (vgl. Miskat II., p. 397; Sprenger ibid. I., S. 130 —131 und III., Vor., S. 39, Anm. 1) — so ist es doch nicht bewiesen, daß jeder Israelit zur Mohammed's Zeit in Arabien die heiligen Schriften im Originale lesen und verstehen konnte!

War nun demnach etwa nicht die Nothwendigkeit vorhanden, die heiligen Schriften in die dem Volke geläufige arabische Sprache zu übertragen? — Was konnte denn einer solchen Uebersetzung im Wege stehen? — Wußten ja gewiß die jüdischen Lehrer, daß eine aramäische und eine griechische Uebersetzung bereits in der alten Zeit angefertigt worden war, warum sollten sie nicht auch eine arabische Uebersetzung aus demselben Grunde veranstaltet haben lassen? — Denn die Stelle im Korân (Sura 6, v. 155), daß wir unwissend seien, um die früher geoffenbarten Schriften lesen zu können, ist nicht mit Herrn Muir (the Testimony born by the Coran etc. Allahabad 1860, p. 32) so aufzufassen, als ob damals noch keine arabische Uebersetzung der Bibel vorhanden gewesen wäre, da deren Sinn vielmehr dahin zu verstehen sei, daß der Korân, obschon er dasselbe gleich der früher im Hebräischen geoffenbarten Lehre enthält, doch seiner Landsleute wegen in arabischer Sprache geoffenbart wurde. Und in der That bringen moslimische Traditionen, welche sehr oft auf jüdische Zustände indirect ein helles Licht verbreiten[20]), die erwähnte Vermuthung der Gewißheit näher.

---

[20]) Es unterliegt keinem Zweifel, daß Jbn-Abbas und seine Zeitgenossen die Legenden der Juden veränderten. Jedoch hat die Ueberlieferung derselben durch die Moslime für die Religionsgeschichte der Juden in Arabien einigen Werth. (Sprenger III., S. 59, Anm. 2).

So die Frage: welche sei die Stelle, welche die Sonne nur einmal mit ihren Strahlen beleuchtete? soll — nach Chronique de Tabari (I., p. 348) dem Propheten selbst vorgelegt worden sein, — nach Sprenger (III., S. 81, Anm. 2) — von einem Rabbinen den Moslimen in Damaskus als Räthsel aufgegeben und von Jbn-Abbas gelöst worden sein.

Wenn nun dem talmudischen Ausspruche gemäß, daß ein Gelehrter höher stehe, als ein Prophet (B. Batra. 12 a.), die Lösung nicht dem Propheten, sondern dem Jbn-Abbas zuzuschreiben wäre, so ist es doch jedenfalls mit Bestimmtheit anzunehmen, daß nicht allein der Fragesteller, sondern auch der heimliche Mentor ein Rabbiner war. Denn sowohl die Frage, als die Antwort verräth einen

Einst brachte Omar dem Propheten ein Exemplar des Pentateuch und sagte: Dies ist eine Abschrift (vielleicht Uebersetzung) des Pentateuch. Mohammed blieb ruhig, Omar las daraus in seiner Nähe, und des Propheten Gesicht veränderte sich. Da sagte Abu Bekr: Siehst Du des Propheten Antlitz nicht an? Omar blickte hin und sagte: Gott beschütze mich vor seinem und seines Propheten Aerger. Darauf sagte Mohammed: Wenn Moses jetzt gelebt und meine Prophezeiung vorgefunden hätte, so würde er mir sogleich gefolgt sein. (Miškat I., p. 53).

Wäre nun dieses Exemplar nicht eine arabische Uebersetzung gewesen, woher vermochte denn Omar es auch nur zu lesen — da übrigens auch andere Traditionen mittheilen, daß Omar die Bibel gelesen habe (bei Sprenger II., S. 88) — und Mohammed gar noch das Vorgelesene zu verstehen?

Und welche triftige Begründung erhält dieser Beweis durch folgende Traditionen!

Es war da ein Volk der Schrift, welches das Hebräische las und es in's Arabische für die Moslimen übersetzte, und der Prophet sagte: Betrachtet dieses Volk nicht als Lügner, noch als treue Erzähler (ibid p. 47).

Also, auch für die an das Judenthum sich anschließenden Araber war eine Uebersetzung der heiligen Schrift veranstaltet, um den wenigen des Lesens kundigen Arabern die Möglichkeit zu bieten, Einsicht in derselben zu erlangen.

Obschon uns erst aus dem neunten Jahrhundert eine arabische Uebersetzung vom R. Sadja Gaon entgegenleuchtet, von der Zeit Mohammeds aber an uns kein Bruchstück von jüdischer Seite gekommen ist, so scheint es doch, in Anbetracht, daß sich eine in's Arabische übersetzte Schrift aus jener dunklen Zeit erhalten habe, (Renan in Revue des deux mondes Tome XII. p. 1092), daß Theile der Bibel in arabischer Uebersetzung zur Zeit des Mohammed vorhanden waren. (Sprenger I. S. 132.)

Es wäre zu wünschen, daß uns ein tüchtiger Gelehrter Näheres darüber mittheilen möchte! Ja noch mehr! Eigene Legenden-Sammlungen — wie früher das räthselhafte Buch des Bileam (Synhedr. 110 a., Jalkut Matot §. 785), des Adam (B. Mezia 79 b.) und der Megillat Chassidim (Siphri ed. Friedmann S. 84) — mögen damals entstanden sein, wie die Tradition von den „Asatyr alwwalyn, d. h. den Märchen der Alten berichtet, in welchen nicht allein die Auferstehungslehre gedroht und vor dem Gerichte gewarnt wurde, sondern auch biblische Geschichten enthalten waren und die Disputanten behaupteten, daß sie den Korân daraus zusammensetzen konnten. (Sprenger II., S. 397.) Es ist also nicht unwahrscheinlich, daß ein „Buch des Abraham", auf welches

---

Rabbinen, dem bie Agada (Mechilta ed. Friedmann S. 29 b. und S. 32) bekannt war, daß die Sonne die Tiefe des durch Moses gespaltenen Meeres mit ihren Strahlen beleuchtet habe, ehe sie wieder von den Gewässern bedeckt wurde.

Mohammed oft Bezug nahm, damals im Umlauf war, und
es nicht mit Herrn Muir (the Testimony born by the
Coran etc., p. 5) ganz und gar in Abrede zu stellen sei. — In diese
Sphäre gehört nicht allein das im Korân (Sura 26, v. 137)
erwähnte Chalak der Alten b. i. die Spitzfindigkeit²¹) der Alten,
da Chalak schon im Talmud in dieser Bedeutung vorkommt,
(vergl. Chulim 19 a), sondern alle jene im Jalkut (Gen. §. 133.
Schemot §. 164, 168, 173, 187 ꝛc.) und im Jalkut chadasch
(S. 18 b.) angeführten wunderlichen Erzählungen im Namen des
Diwre hajamim le Mosche und der Bücher des Suta, sowie auch
im Namen eines Midrasch über Moses und Aarons letzte Lebens=
stunde (Sepher Massiot von Ibn Ithar und Jalkut Wejelech
§. 960) und das von Sepher Cassidim oft angeführte Buch:
Haccabot (§. 191, §. 321, §. 459, § 462 und §. 586), das Buch:
Cheschbaunaut (ibid. §. 854), und das Buch des Josua (ibid §. 264.)
sowie das von Omar verbotene Buch, welches die dem Daniel zu=
geschriebenen Weißsagungen enthielt. (Sprenger III. S. 97.)

Die arabischen Juden entfalteten also nicht allein eine literarische
Thätigkeit im Sinne der alten Agada, sondern hielten auch in der
Praxis an die Satzungen des Talmuds fest.

Daß bei ihnen der Messias=Glaube lebendig war, ist schon
daraus zu entnehmen, da sie den Arabern mit dem Messias drohten
(Sura 2, v 83.) Auch die Speisegesetze beobachteten sie streng, wie
dies unzweideutig aus dem Korân (Sura 6, v. 147) ersichtlich
ist. Seine genaue Beobachtung darüber mag vielleicht den Moham=
med bewogen haben, von den jüdischen Speisegesetzen Manches zu
entlehnen.²²) So galt ursprünglich der Einhufer im Islam als
verboten. (v. Kremer Culturgeschichte ꝛc. II., S. 44.) Doch fand
es Mohammed, da den Arabern das Kameelfleisch unentbehrlich
ist, nicht angemessen, weitere Speisegesetze aus dem Judenthum zu
adoptiren. (Weil: Geschichte der islamitischen Völker, S. 23.) Weil
aber Mohammed nichtsdestoweniger vorgab, daß er dasselbe lehre,
was Moses vorgetragen hatte, griffen die Juden seine von den

---

²¹) Im Korân (Sura 2, v. 73) heißt es: Unter ihnen, (den Juden)
gibt es auch Ummier, welche nicht das Buch (die Bibel) sondern nur Speculatio=
nen (Amâniy) kennen; ihr Wissen beläuft sich also (nicht auf eine Kenntniß der
göttlichen Offenbarung) sondern nur auf Vermuthungen! —

²²) Zu diesen ursprünglichen Entlehnungen Mohammed's gehört gewiß
die im Korân (Sura 6, v. 139) erwähnte und in der Tradition (Fundgruben I.,
S. 285) wiederholte Verordnung, daß man nichts, als von dem, worüber der
Name Gottes ausgesprochen worden sei, esse, da bereits der Talmud festsetzte,
daß man nichts auf Erden genießen darf, ohne vorher Gottes Lob auszusprechen
(Berachot 32 a.), und daß, wer auf Erden etwas genieße, ohne dabei den Na=
men Gottes auszusprechen, der raube gleichsam die Gottheit. (Synhedr. 104 a.).
Ja, selbst die Bestimmung, daß die vom Jäger, nachdem dieser den Namen
Gottes aussprach, geschossenen Vögel rite als geschlachtet gelten (vergl. d'Ohsson
ibid. II., S. 191), erfolgte wahrscheinlich ursprünglich nach jener talmudischen
Stelle, der zufolge der Talmudlehrer Raba dem R. Joab h. Tachlifi einen
Pfeil untersuchte, ob dieser die erforderliche Schärfe habe, womit dann der
letztere einen Vogel im Fluge schlachtete. (Chulin. 30 b. Jalkut Achra-mot §. 585).

Gesetzen des Moses abweichenden Bestimmungen über die verbotenen Speisen an, als den positivsten Beweis, daß seine Behauptung falsch sei. (Sprenger II., S. 479 — 80.)

Ferner ist aus der prägnanten Benennung, daß Mohammed manche jüdische Gemeinde als „Sabbatleute" bezeichnet (Ibn. Hischam. I., p. 289) und aus der Thatsache, daß Mohammed von dem Worte Sabbat das arabische Sobat abgeleitet habe (Sura 78, v. 9), auf die strenge Beobachtung des Sabbats von Seiten der Juden zu schließen. Ja ausdrücklich wird berichtet, daß die Juden zu Mohammed's Zeiten in Medina es ausdrücklich erklärten, daß sie sich am Sabbat (vergl. Rab. Levit. c. 34) jedes Geschäftes enthalten. (Sprenger III., S. 215, Anm.) Und gleich den Talmudlehrern, welche, obschon sie reich und hochgestellt waren, irgend welche Zubereitung für den Sabbat selbst thaten (vergl. Sabbat 119 a.), so waren die arabischen Juden am Freitag mit den Vorbereitungen für den Sabbat rührig und thätig. (Sprenger II., S. 168).

Als ein reicher Jude seine Glaubensgenossen aufforderte, dem Mohammed in einem Kampfe Beistand zu leisten, erwiderten die letzteren: „Heute ist Sabbat!" — (Ibn. Hischam. II., S. 27—28). Als wiederum einige arabische Stämme den jüdischen Stamm Benu Kureiza an einem Freitag-Abend zum Kampfe gegen Mohammed aufforderten, erwiderten die letzteren: „Heute ist Sabbat, ein Tag, an welchem wir nicht arbeiten. Einige von uns haben sich dagegen versündigt, und es hat sie eine harte Strafe getroffen, die auch euch wohl bekannt ist". (Ibid. II., S. 102). Selbst, als die Juden von Mohammed in ihren Burgen belagert, und sie in die Enge getrieben wurden, und es galt, die letzten entschiedenen Schritte zu wagen, da war es wieder ein später zum Islam übergetretener Jude, welcher rieth, einen Ausfall zu wagen, weil Mohammed sich vielleicht wegen des Sabbats in Sicherheit glaube. Sie aber sagten: „Sollen wir den Sabbat entweihen und Dinge thun, die Niemand vor uns gethan, außer denen, welche in „Affen"[23] verwandelt waren. (Ibid. S. 105). Also ganz dem Talmud gemäß (Erubin 45 a.) nahmen sie sich in Acht, den Sabbat nicht durch den Kriegsdienst zu entweihen. Aber nicht allein die Hauptgebote und deren Umzäumungen waren von den arabischen Juden streng beobachtet, sondern auch in anderen Fällen galt ihnen die Halacha überhaupt als Richtschnur und Maßstab.

Als die Juden dem Mohammed einen Ehebruch zur Entscheidung vorlegten, sagte der Prophet: Befolget eure Schrift, die in diesem Falle Steinigung verordnet." „Wir finden nicht", versetzten die Juden, „in der heiligen Schrift diese Strafe. Allein wir verabscheuen die Ehebrecher und geißeln sie". Hierauf wurde

---

[23] Nach einer andern Version sollen sie in S c h w e i n e verwandelt worden sein. (Sprenger I., S. 19, Anm. und S. 568—69). Von dieser Vorstellung, daß Sünder in „Affen" verwandelt werden, berichtet auch die Agada, daß Manche der Widerspänstigen zur Zeit vor der Sündfluth in A f f e n und T e u f e l n verwandelt worden seien. (Jalkut Gen. S. 62).

auf Anregung eines zum Islam übergetretenen Juden die heilige Schrift gebracht und die bezügliche Stelle (vgl. Deuter c. 22, v. 24) vorgelesen. Dann befahl Mohammed, die Ehebrecher zu steinigen, welche Strafe auch vollzogen wurde. (Miškat II., p. 183; Ibn. Hischam I., S. 292). Diese Entscheidung des Mohammed enthält nichts Auffallendes, wenn man bedenkt, daß dieses Gebot, „daß, wenn ein Mann und ein Weib Ehebruch treiben, sollt Ihr sie Beide steinigen, denn es ist eine göttliche Verordnung", ursprünglich ausdrücklich im Korân stand. (Sale: the Koran I., the Preliminary Discourse p. 88 und W. Muir: the life of Mahomet I., p. 30 note).

Aber warum vollzogen die Juden selbst nicht die Strafe der Steinigung? Hatten sie etwa nicht freie Macht dazu? — Keinen Glauben aber verdient jenes Märchen, daß, seitdem Einer aus der königlichen jüdischen Familie einen Ehebruch beging, und der jüdische König nicht gestattete, daß er gesteinigt werde, beschlossen wurde, daß fortan gar nicht mehr gesteinigt, sondern nur gegeißelt werde. (Ibn. Hischam I., S. 293.²⁴)

Bedenkt man nun, daß nicht allein die Juden zu Medina, sondern auch die zu Chaiber dem Mohammed einen Ehebruch zur Aburtheilung vorlegten, dessen Entscheidung von den Rabbinen — wohlgemerkt! von gelehrten, nach der Halacha entscheidenden Richtern — nicht gebilligt wurde, (Sprenger III., S. 38. Anm.) so frägt es sich, warum denn die Rabbinen die Steinigung bei Ehebruch mißbilligten? — Aus keinem anderen Grunde, nur weil nach dem Talmud (Sota. 16, a.) die Halacha berechtigt sei, die Verordnungen der heiligen Schrift aufzuheben. Die Rabbinen konnten also mit den Worten des Talmuds sagen, daß, obschon kein Richter sich erkühnen darf, auch einen Buchstaben aus der

---

²⁴) Ebensowenig bedarf jenes Märchen, daß ¡der jüdische König *) sich das Jus primae noctis vorbehalten habe, keiner Widerlegung. Indessen ist es interessant, in die Werkstätte der Sage einen tiefen Blick zu gewinnen, um zuweilen der Entstehung mancher ungeheuerlichen Erzählung auf die Spur zu kommen. Aus dem obgedachten Märchen nämlich bildete sich folgende Sage heraus: Bethual, Vater der Rebeka, nahm Gift und starb. Und warum vergiftete er sich selber? Hierauf wird Folgendes erzählt: Bethual war König in Mesopotamien und behielt sich das Jus primae noctis vor. Als er seine Tochter Rebeka verheirathen wollte, verlangten die Großen des Reiches, daß er auch an seiner eigenen Tochter dieses Recht ausüben solle, sonst werden sie ihn sammt Tochter erschlagen. Um also seine Tochter zu retten, beging Bethual den Selbstmord**). (Jalkut Gen. §. 109). — Zu derartigen Gebilden aus der arabischen Periode gehört auch die Sage, daß Isaak seine Frau Rebeka der Untreue im Verdachte hielt, bis er sich von deren Unschuld überzeugte (ibid §. 109). Es scheint hier eine Uebertragung aus dem berüchtigten Verdachte, welcher auf Ayischa, der Lieblingsfrau des Mohammed, so schwer lastete, und um deren willen Mohammed Korânverse offenbaren mußte (vergl. Sprenger III., S. 63—73), stattgefunden zu haben.

*) Allerdings kam es unter den heidnischen Arabern vor, daß darüber Krieg unter den Stämmen ausbrach. (Vgl. v. Hammer: Geschichte des osmanischen Reiches, II.. S. 382).

**) Aus der Stelle (Gittin 57, 6, vergl. auch Rab. Echa c. 1) leitet Herr Kreisrabbiner R. Hirsch Chajes trefflich ab, daß dem Selbstmörder von Seiten des Judenthums das Leben der Zukunft abgesprochen wird. (Orient 1845, S. 378. Vergl. mein Werk: Äußere Einflüsse auf Sage und Sitte ꝛc. S. 8).

Thora zu streichen (Jalkut. Emor. § 631), seitdem aber das Heiligthum zerstört und wir aus unserem Lande vertrieben wurden, jede Einsicht von uns gewichen sei, so daß wir nicht mehr berechtigt seien, Todesstrafen zu vollziehen. (Berachot 55, a. Megilla. 12, b. Kethubot 11, b. Rab. Num. c, 14. Jalkut. Jesaia. c. 8. § 283.)

Diese meine Erklärung, die dem Herrn Muir natürlich in ungewisser Ahnung bloß vorschweben konnte (the Testimony born by the Coran etc. p. 55 note), gewinnt an Wahrscheinlichkeit, wenn man die Worte der Traditionen, die nicht selten im Sinne des Islams verdreht und umgestaltet wurden, gehörig deutet, wodann erst auch die lichtlosen Massen durch kritische Reibung den leuchtenden Funken der Wahrheit entlassen. Die Juden zu Medina sagten: Ueberlasset Mohammed das Urtheil zu fällen; urtheilt er wie Ihr, indem er Geißeln über die Ehebrecher verhängt, so folget ihm, denn er ist dann ein Fürst (d. i., er will nur herrschen, nicht aber Euren Glauben rauben), verurtheilt er sie aber zum Steinigen, so ist er ein Prophet (d. i., er will das Ansehen eines Propheten erlangen), gebet Acht, daß er Euch nicht dessen beraube, was Ihr habt, (d. i., daß er Euch nicht zwinge, Euren Glauben zu verleugnen). (Ibn. Hischam I., S. 291.)

Leuchtet etwa nicht daraus hervor, daß die Juden mit der Berufung auf die Thora unzufrieden waren, und darin nur geheime Tücke erkannten? — Als einst die Rabbinen zu Mohammed sagten: Behauptest Du nicht, der Religion und der Lehre Abrahams[25]) zu folgen und an unsere Thora zu glauben, und zu bekennen, daß sie göttliche Wahrheit enthalte? antwortete Mohammed: Allerdings, aber Ihr habet Neuerungen[26]) vorgenommen und geleugnet, was darin steht, und habt verborgen, was darin enthalten ist. (Ibn. Hischam I., S. 294). Doch! welche Verleumdung! — Gesteht ja doch selbst Herr Muir (the Testimony born by the Coran etc. p. 55) ein, daß das außerordentliche Gewicht, welches die Juden, wie zu allen Zeiten, den rabbinischen Vorschriften beilegen, nicht im Geringsten die von ihnen ihren heiligen Schriften gezollte Verehrung verringere. — Eine, wenn vielleicht nicht geflissentliche, Verkennung der jüdischen Geschichte ist es aber, wenn Herr Muir (ibid. p. 97) in den Vorwurf Mohammed's, daß die Juden gerade jenen Theil, kraft dessen sie eigentlich bewundert waren, vergaßen, mit der füglichen Bemerkung

---

[25]) Demgemäß, da der Talmud sagt, daß Moses der Sonne und Josua dem Monde gleichet. (B. Batra 78 a., Siphri ed. Friedmann, S. 53), welche Vergleichung auch zwischen Moses und Aaron angestellet ward. (Mechilta ed. Friedmann S. 60), fabeln die Moh., daß Abraham unter dem Himmelszeichen der Sonne und Mohammed unter dem Zeichen des Mondes gesandt war. (Vergl. Orient 1841. S. 56)

[26]) Nichtsdestoweniger verstand Mohammed die von ihm aus der Thora entnommene Bestrafung wegen Verletzung eines Körpertheiles (Sura 5.) nicht in der Strenge des wörtlichen Sinnes, sondern dem Talmud (B. Kama. 83. b.), und der Mechilta (ed. Friedmann, S. 84 b.) gemäß, nur als Geldstrafe (vergl. Sale. ibid. p. 187.)

anstimmt, daß nicht die damaligen, sondern die Juden zu allen Zeiten, denselben Tadel verdienen.

Allein, selbst diese Methode gerade vermittelst der Berufung auf die Thora, die Juden dem Scheine nach anzuklagen, lernte Mohammed erst von einem jüdischen Mentor. Denn eine derartige Methode mittelst angeblicher Berufung auf die Bibel das Recht für sich geltend zu machen, wird in der jüdischen Literatur von den Feinden Israels häufig angewandt. Schon vor Alexander d. G. sollen die Ismaeliten ihren Rechtsstreit gegen die Israeliten durch einen Hinweis auf die Thora begründet haben, (Synhedr. 91. a. Rab. Gen. c. 61, vergl. auch Rab. Kohelot. c. 11.) und die Heiden wollten aus angeblichen Widersprüchen in den Geboten der heiligen Schrift Anklage gegen die Juden erheben. (Rab. Num. c. 8. Jalkut Jeremia 33. § 321.)

Dieser bis nun durchgeführte Ideengang wird noch bedeutend bereichert, wenn wir die von Mohammed erlassenen Bestimmungen gegen die jüdischen Sitten näher betrachten, woraus wir neue Gesichtspunkte gewinnen und auf neue Gebräuche stoßen werden.

Bekanntlich suchte Mohammed anfangs die Juden — die seinen Fortschritten den hartnäckigsten Widerstand entgegensetzten und ihm gefährlicher und verderblicher, als der Widerstand seiner eigenen Landsleute wurden, (v. Hammer's Preißschrift: Ueber die Ländervertheilung unter dem Chalifate S. 44 — 45.) — für sich zu gewinnen.

Er sagte: wenn „zehn" Juden[27]) an mich glaubten, so würden auch die übrigen an mich glauben (Fundgruben. I, S. 286.) Er scheute keine Mühe, ging in die jüdischen Schulen, und forderte die Versammelten auf, an ihn zu glauben (Ibn. Hischam. I, S. 283.) Minder glimpflich verfuhr Abu Bekr, indem er in seiner Verblendung — obschon er sonst wegen seiner Versöhnlichkeit und Leutseligkeit allgemein beliebt war (Sprenger I, S. 371) — einem gelehrten Rabbinen, über dessen Antwort, die dieser ihm in der jüdischen Schule ertheilte, er in Zorn gerieth, ins Angesicht schlug. (Ibid. S. 287.) Allein Mohammeds Versuche blieben gänzlich erfolglos! Als Mohammed an einen obersten Rabbinen die Aufforderung, ihn anzuerkennen, mit den Worten richtete: Bei Gott! Ihr wisset, daß meine Offenbarungen Wahrheit seien, erwiderte jener lakonisch: Das eben wissen wir ja gerade nicht. (Ibid. S. 289.) Auf Mohammeds unbefangene Frage: ob seiner und seinem Schicksale in der Bibel Erwähnung[28]) geschehe? — erwiderte ein

---

[27]) Selbst dieses, daß nur „zehn" Personen eine Gemeinde erst bilden, entlehnte Mohammed von den Juden. (Vergl. Berachot. 6. b). Daher, als nämlich neue Absiten zu ihm kamen und sich in Medina niederließen, bedauerte er, daß ihrer nicht „zehn" seien, und als einer sich ihnen anschloß wurden sie die „Zehn" geheißen. (Sprenger III, S. 203.)
[28]) Ueber die angeblichen Bibelstellen, welche auf Mohammeds Mission bezogen werden, (vergl. Garcin de Tassy: Doctrines et devoires etc. p. 13—16.) deren willkürliche Anwendung bereits Prideaux (la vie de Mohamet p. 350.),

Jude: daß kein Wort davon in der Bibel stehe! (Miškat. II., p. 669.²⁹).

Im Allgemeinen nun machten die Juden gegen Mohammed's Prophetenthum geltend, daß Propheten nur in Syrien erweckt werden, und daß Mohammed nicht von israelitischer Abkunft sei (Sprenger II., S. 528 und S. 160), welche Einwendungen ganz den agadischen Auslegungen entsprechen: daß kein Prophet außerhalb Palästina ein Recht auf Anerkennung habe, ebensowenig, wenn er nicht von israelitischer Abstammung sei. (Siphri ed. Friedmann S. 105 a. u. S. 107 b. und Jalkut Schoftim §. 916.) Als einige Juden dennoch zu Mohammed übergingen, sagten die Rabbinen: nur die schlechtesten unter uns folgen Mohammed, und glauben an ihn, gehörten sie zu den Besseren unter uns, so würden sie nicht vom Glauben ihrer Väter abfallen und zu einem andern übergehen (Ibn. Ischam I., S. 286), wie es auch aus mehreren Koranstellen hervorgeht, daß die Ungläubigen dem Mohammed vorwarfen, daß seine Gemeinde aus niedrigen, verächtlichen Menschen (Sprenger I., S. 392) und aus einem sündhaften, schlechten Gesindel bestehe. (Ibid II., S. 315). — Später aber, als Mohammed die Obergewalt in Händen hatte, trat er offen gegen die Juden feindlich auf, welche Feindschaft auch in seinen Rechtsbegriffen einen Umschwung herbeiführte. Während nämlich Mohammed früher einem Juden in seiner Streitsache mit einem Moslim, trotz dem Einwande des letzteren, daß ein Ungläubiger auch falsch schwören würde, einen Eid einräumte (Miškat. II., p. 231), nahm Mohammed später einen Entlastungs-Schwur von den unterworfenen Juden von Chaiber aus dem Grunde nicht an, weil die Moslimen sagten, daß der Unglaube doch ein größeres Verbrechen sei als einen falschen Eid ablegen. (Vergl. Ibn. Hischam II., S. 175).

Da selbst nach der Unterwerfung und Vertreibung der vielen jüdischen Stämme immerhin noch in Medina und Chaiber jüdische Familien ansässig blieben (Sprenger III., S. 11, Anm. 2), so zog Mohammed gegen diese wehrlosen und ohnmächtigen Ueberreste der alten jüdischen Stämme aus dem Köcher seiner Gehässigkeit

---

hinlänglich belächelt habe. — Die Urheber der Deutungen dieser Bibelstellen waren bekehrte Juden; denn nur diese konnten von Gematria und einer alten Erklärung des Sifri Gebrauch machen (Jellinek: Beiträge zur Geschichte der Kabbala I., S. 56—58, Anm. 1), welche Auslegung und Deutung übrigens „falsch" und schwerlich alt ist. (Nöldeke in der Vierteljahrsschrift: Orient und Occident Bd. II., S. 641—42.) Indessen ist es sonderbar, daß selbst dieser Gedanke, daß sich in der Bibel Vorherandeutungen finden lassen, von Mohammed wahrscheinlich erst von den Juden entlehnt worden ist. Denn im Talmud wird aus der Thora eine Andeutung für die Namen: „Moses" „Hamann" „Esther" „Mordechai" (Chulin 139. a. Jalkut Gen. §. 46.) und eine Vorhersagung über das Purimfest*) gesucht. (Megilla. 7. a. Jalkut Beschalach § 264.)

²⁹) Und öfter wiesen die Juden Mohammed's Anerbieten mit den Worten zurück: Gott hat nach Moses keine Schrift mehr geoffenbart, und nach ihm keinen mehr mit froher Botschaft und Drohung gesandt. (Ibn. Hischam I., S. 290—91.)

*) Nebenbei sei bemerkt, daß der unbestimmte Bericht, daß Mohammed, als er nach Medina kam, die Bewohner zwei Tage sich belustigend und spielend fand, welche sehr alte Sitte er abschaffte (Miškat I., p. 315), wahrscheinlich auf das „Purimfest" der Juden zu beziehen sei.

Offenbarungen heraus, die grabezu gegen jüdische Sitten gerichtet wurden. Sein Losungswort hieß nun: Thuet das Entgegengesetzte, was die Juden thuen. (Miśkat I., p. 381.) Er schaffte den Aschura (Job Kippur) und die Kibla nach Jerusalem[30]), welche beiden Bestimmungen[31]) er früher von den Juden annahm, wieder ab. Den Verbot des Talmuds: Vor dem Beten früh Morgens nichts zu essen (Berachot. 10. b.), welchen Mohammed anfangs gelten ließ und sogar einschärfte, ließ er später gleichgiltig bei Seite. (Miśkat. II. p. 246.) Weil nach dem Talmud jede Fast=zeit erst mit dem Sichtbarwerden der Sterne aufhöre (Taanit. 12. a.), demzuwider bestimmte Mohammed, daß man an Fasttagen zu essen beginne, sobald bloß die erste Abendbämmerung erscheine (Miśkat II., p. 469 und p. 471.) Mohammeds Zurechtweisung, daß es den Weibern zustehe, in die Hände zu klatschen, Männern aber mit Worten Gott zu preisen, (Fundgruben I., S. 166) galt wahr=scheinlich als eine Sitte bei einigen jüdischen Männern, die noch heute bei exaltirten Betern zuweilen üblich ist.

Er verbot das Weinen und Jammern bei Verstorbenen, weil die Juden, gemäß der im Talmud (Moed—Katan 28. a.) erwähnten Sitte, es zu thun pflegten (Miśkat. II., p. 394), welche Sitte wahrscheinlich zu den heidnischen Arabern überging. (Ibn. Hischam II., S. 34.) Indessen! Obschon Mohammed den Juden mit Wuth grollte, weil sie die Gräber ihrer Propheten in Bethäusern ver=kehren (Fundgruben I., S. 157 und S. 169), so sah er doch seinen Irrthum selbst ein, und gestand, daß, obschon er den Besuch der Gräber verboten habe, so möge man doch sie besuchen, weil der Anblick der Gräber weltliche Gelüste verscheuche, einen Wider=willen gegen dieselben hervorbringe und an die Zukunft erinnere

---

[30]) Daß die Juden in allen Himmelsgegenden ihr Antlitz beim Gebet nach der Richtung von Jerusalem, und die in Jerusalem sich befindenden Juden ihr Antlitz nach dem Heiligthum wandten, berichtet bereits der Midrasch (Rab. zum h. Liede c. 4, 3, Jalkut §. 822, Siphri ed. Friedmann S. 71—72, Sepher Chassidim §. 18), welche Ansicht mit der Meinung zusammenhängen mag, daß Jerusalem gerade im Mittelpunkte der Erde liege (Synhedr. 37 a., Tanchuma Kekodoschim c. 10*) und daß der irdische Tempel dem himmlischen Tempel ent=sprochen habe (Taanit 5 a., Tanchuma P. Mischpatim c. 18 und P. Pekuda c. 2. Schochar Tob Psalm c. 80 und c. 122, Jalkut Gen. §. 102, Jalkut Psalm. 30, §. 713; 122 §. 879), welche Meinung auch die Kabbala hege (vergl. Grätz. ibid. VII., S. 82.) Eine Entlehnung von diesem Gedanken ist also die Behauptung, daß die alte Caaba von Mekka, die von den Engeln zur Zeit der Fluth weggenommen und in den Himmel getragen wurde, sent=recht über dem jetzigen Heiligthum stehe (d'Ohsson ibid. I., S. 271, Anm. 1).

[31]) Die Kibla nach Jerusalem wird im Korán (Sura 2, v. 13,) eine von Gott bestimmte geheißen. Ueber den Versöhnungstag scheint Mohammed sogar über die an diesem Tage einst dargebrachten Opfer (vergl. Num. 16. v. 6 und 11,) wohl unterrichtet gewesen zu sein, weßwegen er nicht allein beim Opferfeste zwei, weiß und schwarz, gefleckte Widder, den einen für die Gemeinde der Gläubigen, und den andern für sich und seine Familie schlachtete (Sprenger III. S. 58), sondern auch beim Pilgerfeste zwei Widder als Opfer darbrachte (ibid. S. 521).

*) So wird auch behauptet, daß der Tempel zu Delphi nicht allein in dem Mittelpunkte von Griechenland, sondern der ganzen Erde liege. (Meiners: Allg. Geschichte ꝛc. — II., S. 682 Anm.)

(Miškat I., p. 401, 403.); nur den Weibern verblieb, wegen deren Mangel an Geduld und Standhaftigkeit, der frühere Verbot (ibid. vergl. übrigens Kohelot. c. 7. v. 2.) Und höchst charakteristisch für Mohammeds Eigendünkel ist es, daß er dennoch eine dießbezügliche jüdische Sitte, weil sie zur Erhöhung seiner eigenen Prophetenwürde beitragen konnte, ohne Bedenken anempfahl. Schon der Talmud befiehlt, daß man bei der Erinnerung an einen Gerechten: „Das Andenken des Gerechten gereiche ihm zum Segen", hinzufüge (Jeruschalmi Joma. c. 3. babl. ibid. 38 a.) und der Midrasch mahnt, daß, wer des Gerechten sich erinnere und ihn nicht segne, der übertritt ein Gebot (Rab. Gen. c. 48.) Nicht allein sind bei der Erinnerung an Moses die Worte „Der Friede sei über ihn!" (Temura. 3. a. Rab. Exod. c. 2). und bei der an Elias die Worte: „Sein Andenken gereiche ihm zum Segen!" (Rab. Gen. c. 33; 34, Rab. Deuter. c. 6. Rab. zum h. Liede c. 1) und die Worte: „Sein Andenken gereiche ihm zum Guten!" (Rab. Deuter. c. 5. Rab. zum h. Liede c. 4. Rab. Kohelot c. 6. Rab. Rut c. 4. Rab. Esther. c. 5) hinzugefügt worden; nicht allein sind bei der Erwähnung sowohl des Königs Salomon als auch des Propheten Jesaia die Worte: „der Friede sei über ihn!" sondern auch bei der anderer Talmudlehrer die Worte: ihr Andenken gereiche ihnen zum Segen!" beigesetzt worden (Mechilta. ed. Friedmann S. 326), wobei die Bemerkung (im Sepher Chassidim § 746 und § 982) stets beachtungswerth bleibt, daß man bei der Erinnerung nicht allein an einen jüdischen Gerechten, sondern auch an einen Nichtjuden, der je Israel Gutes gethan hat, die Worte: „Sein Andenken gereiche ihm zum Guten!" beifügen darf.

Diese jüdische Sitte ahmte Mohammed nicht allein im Korân nach, indem er bei oer Erinnerung an Abraham die Worte: „Heil dem Abraham," (Sura. 37 v. 109) bei der an Moses und Aaron die Worte: „Heil dem Moses und dem Aaron!" (ibid. v. 120) und bei der an Elias die Worte: „Heil dem Eliasen!" (ibid. v. 130) hinzufügte, sondern befahl in der Tradition, daß man: „Frieden und Segen sei über Mohammed!" sage (Miškat. I., p. 190 — 94), köderte die Seinen, daß Keiner ihm Gutes anwünsche, ohne daß der Engel, den Gott bestimmt hat, seinem Diener zuhöre, diese Anwünschungen vor den Thron Gottes bringe und er bitte seinen Herrn, daß jedem seiner Diener, der ihm Gutes anwünsche, dasselbe zehnmal vergolten werde, (v. Hammer: Die Geisterlehre zc. S. 19) und drohte seinen Anhängern, daß, wer von ihnen ihn nicht mit Anwünschungen segne, von dem sich die Engel abwenden werden, wenn er zu beten aufhört (ibid).

Sonst aber beharrte Mohammed in seine grimmige Opposition. — Weil die Juden nämlich ihre Haare weder zu parfumiren noch zu färben pflegten³²), befahl er den Seinen, es auch zu thun (Miškat II., p. 359.), verbot aber die jüdische Sitte — die sich in der jüdischen Literatur nicht findet — beim Grüßen mit den Fingern ein Zeichen zu machen (ibid. p. 396), obschon der Prophet, — wahrscheinlich früher — sagte, daß der Gruß mit Hand und Zunge der beste sei, (Fundgruben I., S. 149), da bei vielen rohen Völkern der Nasengruß, indem man die Nasen gegen einander setzte, gebräuchlich war. (Meiners: histr. Magazin III., S. 238—39.)

Bemerkenswerth ist die Sitte bei den arabischen Juden, daß die Männer am Haupte zwei lange Haarlocken zu tragen pflegten (Miškat II., p. 367), welche alte Mode, über die Wangen hängende Seitenlocken zu haben, morgenländische Schriftsteller dem Joseph in Egypten zuschreiben (Wiener Jahrbücher der Literatur Bd. 66, S. 3), welche Sitte — da auch die heidnischen Araber Haarlocken am Haupte trugen (Sura 96, v. 15.) — Mohammed abschaffte, indem er verbot, die Haare theils zu scheeren, theils stehen zu lassen, sondern entweder alle Haare wachsen oder alle scheeren zu lassen. (Miškat II., p. 360). Ja, er verbot den Männern die Haare in Flechten auf den Nacken hängen zu lassen. (Ibn. Hischam II., S. 310). Nicht weniger interessant ist die Sitte der arab. Jüdinnen, welche auf ihrem Haupte, welches stets geschoren oder rasirt war, falsche Haare trugen, daher verbot Mohammed, den Weibern ihr Haupt scheeren oder rasiren zu lassen (Miškat. II. 367), und falsche Haare zu tragen (ibid. p. 360.)

Diese Sitten mit den Haupthaaren erinnern nur allzuleicht an die noch heute in manchen Gegenden üblichen alten Moden! —

Je mehr nun die Juden den Leuten sagten: Mohammed sei nicht der angekündigte Prophet, der noch nicht gekommen, weil die Zeit seiner Ankunft noch nicht da sei (Chronique de Tabari I., p. 370), so daß die Heiden, unter jüdischer Anleitung, ihm vorwarfen, daß er von dem echten Buche³³) des

---

³²) Da nur ein Sclave sein graues Haupt und Barthaar färbte, um sein Alter dem jüdischen Herrn zu verbergen. (B. Mezia. 60. b.) und im Sepher Chassidim (§. 879.) wird ironisch des Rathes erwähnt, den man einem alten Manne ertheilte, daß er sich nämlich das Haar schwarz färbe, damit er die Einwilligung einer jungen Frau zur Heirat erlange.

³³) Unklar ist die Tradition, daß zwei Juden den Mohammed über die „neun" Wunder, die Moses gethan hatte (Miškat I., p. 20.) oder wie eine Variante lautet: über „neun" klare Ajah, unter welchen sie die zehn Gebote meinten, gefragt haben. (Sprenger II., S. 482., Anm. 1), welche wahrscheinlich nur dem Korân nachredet, wo (Sura 17 v. 102) auch nur „neun" Wunder Mosés erwähnt werden. Ebenso bedarf die Tradition, daß die Juden von Chaiber durch das Loosen vorausgesagt haben, daß Mohammed keine Nachkommenschaft haben werde (Chronique de Tabari II., p. 451), der Erklärung — da Mohammed bekanntlich eine Tochter hinterlassen habe — daß die Juden gesagt haben mochten, daß Mohammed, da sein einziger Sohn Ibrahim gestorben war, ohne „männliche" Nachkommen sterben wird, folglich auf ihn keinem talm. Ausspruche (B. Batra 116, 6.) — der Zorn Gottes ruhe! — Interessant ist es ferner nachzuspüren, wie selbst die Rechtfertigung Mohammeds, warum er nicht die Sabbat- und die Speisegesetze wie die Juden

Moses[34]) nichts wisse und nicht einmal die darin verbotenen Speisen kenne (Sprenger II. S. 362), desto heftiger stürmte er gegen jede jüdische Sitte an, desto unversöhnlicher war er gegen jeden von jüdischer Seite herrührenden Gebrauch.

Was wollen die Leute, rief Mohammed aus, die, während sie beten, ihre Augen zum Himmel emporheben? (Fundgruben I., S. 161). Spielte er etwa nicht auf die Juden an, welche gewiß diese gerügte Sitte beobachteten, da zwei Talmudlehrer verschiedener Meinung waren, ob man beim Beten die Augen zur Erde senken, oder sie gegen den Himmel erheben soll. (Jebamot 105, b.[35])

Thuet das Gegentheil, soll Mohammed ausgerufen haben, von den Juden, welche ohne Schuhe und Stiefel beten. (Miskat. I., p. 157.) Woher diese Sitte, die vielleicht eine geringe Anlehnung an die heilige Schrift (Exod. 3, 5.) habe, herrühre, ist aus der jüdischen Literatur schwer zu ermitteln. Sie ist in der Annahme nicht erklärlich, daß die arabischen Juden baarfuß gingen und daher in diesem Zustande auch beteten, — wie der Prophet selbst allerdings manchmal baarfuß zu gehen pflegte (Fundgruben I., S. 74.) — da diese Annahme mit der talmudischen Vorschrift in geradem Gegensatz stünde. Denn nicht allein R. Akiba schärfte seinem Sohne, der baarfuß zu gehen sich herausnahm (Sabbat 151, b.) streng ein, daß Schuhe an den Füßen nicht fehlen sollen (Pesachim 112, a.), sondern ein Talmudlehrer behauptete sogar, daß man die Wände seines Hauses verkaufe, um sich dafür Schuhe anzuschaffen, (Sabbat 129, a.) und derjenige dem Himmel verpönt sei, welcher baarfuß gehe (Pesachim 114, b.) Schwerlich ist Mohammeds Vorwurf nur auf die jüdische Sitte am Versöhnungstage zu beschränken, an welchem Tage man keine Schuhe

---

streng beobachte, entweder von jüdischen Apostaten oder sonstigen freidenkenden Juden, die mit der jüdischen Literatur bekannt waren, entlehnt sei. Da nämlich im Talmud der Gedanke bereits ausgesprochen sei, daß, wenn Israel nicht gesündigt hätte, so wäre ihm nur der Pentateuch und das Buch Josua gegeben worden (Nedarim 22 b. Rab. Kohelet. c. 1.), und daß überhaupt alle Gebote den Zweck haben, nur um Israel dadurch zu läutern und zu bessern, so wurde dieser Gedanke zu Mohammeds Rechtfertigung so ausgebeutet, daß nämlich den Israeliten sowohl der Verbot gewisser Thiere (Sura. 6, v. 147, Sura 16, v. 119), als auch die Beobachtung des Sabbat zur Strafe aufgebürdet worden sei. (Sura 16, v. 125.)

[34]) Denn nur auf die bei allen Juden in der ganzen Diaspora gleich lautende Thora bezog sich immer Mohammed, wenn er von den heiligen Schriften der Juden überhaupt sprach.

Wie würden aber die Zeitgenossen des Mohammed und dessen Nachfolger lachen, wenn sie die von manchen heutigen Mohammedanern hingestellte elende Ausflucht hörten, daß bei den Juden eine von der Thora ganz andere Schrift im Umlauf war, worauf allein Mohammed anspielt. Solch eine Behauptung ist vollständig willkürlich und widerspricht dem ganzen Inhalte des Korän. (Muir: the Testimony born by the Koran etc. p. 43, vergl. auch p. 118, und p. 122.)

[35]) Auch ein späterer jüdischer Lehrer sagt, daß diejenigen, die beim Beten ihre Augen in die Höhe erheben, als ob sie auf Engel schauen, verdienen, verspottet und „dornige Häupter" genannt zu werden. (Sepher Chassidim § 18).

ober Sandalen anhaben darf (Joma. 78, a., Siphra ed. Weiss S. 102), da er zu allgemein gehalten ist.

Ruft man sich aber jene Sitte des Talmudlehrers ins Gedächtniß zurück, welcher vor dem Beten seinen Mantel abzulegen und die Hände zusammenzufalten pflegte, als ob er tief gebeugt, gleich einem Diener, vor seinem Herrn stehe (Sabbat. 10, a. Jalkut Amos § 542), so hat man den Ursprung ermittelt, woraus sich allmählig die Sitte entwickelt haben mochte, auch die Fußbedeckung vor dem Beten abzulegen; daher auch einige Jahrhunderte später ein jüdischer Gelehrter, als er vor einer Audienz vor dem König sich zum Beten anschickte, zuerst sich seiner Schuhe entledigte (Sepher Chassidim § 128), und sogar die Tempelburg in Jerusalem durfte man einst nicht mit Schuhen betreten (Siphra ed. Weiss S. 90 b., Siphri ed. Friedmann S. 120 b).

Daher die Moslimen, trotz Mohammeds geflissentlicher Opposition, beim Gottesdienst ihre kostbaren Gewänder ablegen, damit sie nicht vor Gott hochmüthig scheinen. (Reland: de Relig. Moh. §. 96).

Im Geiste dieser Opposition gegen alles jüdische Wesen lautet Mohammed's Ausspruch, daß die Trompeten die Psalter des Teufels seien (v. Hammer: Die Geisterlehre 2c., S. 28). Da nämlich in der alten Zeit, wie aus der heiligen Schrift ersichtlich ist, nicht allein an der eintretenden Sabbatsfeier und am Vorabende jedes Feiertages, sondern auch in den Neumondtagen, sowie in den Festtagen während der Opferhandlung fortwährend in die Trompete gestoßen wurde, und auch später nach der Zerstreuung Israels die Trompete in Anwendung gebracht war, um dem Volke anzuzeigen, einerseits am Rüsttag vor Sabbat, daß die Zeit, an welcher jede Arbeit einzustellen sei, angelangt sei (Sabbat. 35, b. Tanchuma Matot c. 2), andererseits, um bei einem Todesfalle zu verkünden, daß ein Verstorbener da sei (Moed-Katan 27 b., vgl. Sohar Par.—wa—Jakhal); so entwickelte sich bei den aus Palästina kommenden Juden die Sitte, mit der Trompete zu blasen, um die Gebetzeit anzukündigen. Gegen diese Sitte sprach sich Mohammed aus, obschon er sie bei seiner Ankunft in Medina selbst für den Islam festsetzte, und veränderte sie in die bis heute geltende Bestimmung: vom Dache der Moschee zum Gebet zu rufen [36]) (Miškat. I. p. 141, u. 142, Ibn Hischam. I., S. 255, vergl. Sprenger III., S. 53).

Auf die Frage seiner Anhänger, ob man die jüdische Sitte [37]),

---

[36]) Vielleicht ist Mohammed's Befehl, daß der Gebetausrufer seine Ohren mit den Zeigefingern verstopfe (Miškat. I., p. 124), auf den talmudischen Ausspruch zurückzuführen, daß man sein Ohr mit dem Zeigefinger verstopfe, auf daß man nichts Unanständiges höre. (Kethubot 5 b).

[37]) Im Allgemeinen ist zu merken, daß fast jede von der Tradition als jüdisch angegebene Sitte wirklich als solche anzunehmen sei. So ist der dem Mohammed in den Mund gelegten Erzählung, daß die Juden ihr Kleid, sobald Unflath darauf fiel, wegzuschneiden pflegten (Miškat I., p. 86), historischer Werth beizumessen, da sie an die talmudische Erzählung erinnert, daß, als einst

daß man mit der unreinen Frau nicht zusammen esse, sie nicht nach Hause führe, sich nicht neben ihr setze, zu befolgen habe, offenbarte Mohammed im Geiste dieser Opposition, daß Alles mit seiner unreinen Frau gestattet sei, mit Ausnahme des Beischlafes. Als dies die Juden — bei denen dem Talmud gemäß (Sabbat 13 a ; vergl. Rab. Num. c. 10; Abot d. R. Natan c. 1) mit der unreinen Frau während der ersten sieben Tage ihrer Unreinheit jede Berührung verboten sei — hörten, sagten sie: „Dieser Mann ist in allen Dingen unseren Gebräuchen entgegen." Als dies dem Propheten hinterbracht wurde, erblaßte sein Gesicht vor Verlegenheit. (Miškat. I., p. 121—22).

Wir erkennen also aus dieser Opposition Mohammed's, welcher Ueberlieferungen, welche er von den Juden vernommen hatte, auf ihre Bürgschaft mit solchem Eifer zu erzählen pflegte, daß er sich nur durch die Wichtigkeit des Betens zum Aufstehen bewegen ließ (Sprenger I., S 461), mit welcher Unermüdlichkeit er sich zuletzt den Anschein geben wollte, die Sitten und Gesetze der Juden zu geringschätzen und sich von ihnen möglich weit zu entfernen. Diese geistige Opposition setzten seine Nachfolger, denen er einschärfte, daß sie oft der Geschichte der Kinder Israels eingedenk bleiben, da sie lehrreiche Wunder enthalte (Miškat. I., p. 339—40), noch heftiger und umständlicher fort. Als Salim, welcher der Erste war, welcher den Korân nach dem Tode des Propheten sammelte und in ein Buch eintrug, sich mit seinen Freunden berieth, wie er dasselbe benennen solle, und einige sagten „Sifre"[38]), verwarf er diese Benennung, weil die Juden die Bibel so heißen (Sprenger III., Vor., S. 44, Anm. 1). Und doch! — stammt das Wort Korân von derselben hebräischen Wurzel, nach der die Bibel (vergl. Aboda-Sara 19 a.) genannt wird. (Sale. ibid p. 74, Anm.).

Mit Recht sagt daher Herr Sprenger, daß Mohammed und seine Anhänger sich begnügten, die jüdischen Observanzen allmällig zu verlassen, und daß ihre Nachfolger noch weiter gingen und den fremden Ursprung derselben gänzlich leugneten. (III. S. 54 Anm.)

Aus dem Gesagten ist also die Anklage Mohammeds, daß die Juden die Bibel gefälscht hätten, welche Klage die Moslime nach einander nachredeten, (vergl. Wüstenfeld: Geschichte der

---

der Hohepriester Simeon b. Kimchis sich mit einem arabischen Könige unterredete und von des Letztern Munde Speichel auf des Erstern Gewand fiel, der Hohepriester dadurch unrein wurde, so daß dessen Bruder für ihn fungiren mußte. (Rab. Levit. c. 20; Tanchuma Achre-Mot. c. 7; Pesikta ed. Buber, S. 174; Jalkut Kedoschim c. §. 618, und Schemini §. 525).

[38]) Unbegreiflich sind mir die Worte des Herrn Sprenger (III. Vor., S. 131 Anm. 1): „Den Theologen dürfte es angenehm sein, Anhaltspunkte zu finden, die Bibelübersetzung, deren sich die Moslime bedienten, zu ermitteln. Vielleicht kann eine Note zu Sohayly dazu beitragen. Es wird darin Moses 4, 20, v. 25 angeführt, wie folgt: Im vierten Sifre uim sie siebenten Farâsa."

Welchen Anhaltspunkt vermag nun diese Anführung zu bieten? Theilen ja die Juden jeden an jedem Sabbat vorgelesenen Thora-Abschnitt in sieben Paraschat? Und ist demnach die angeführte Stelle nicht etwa die siebente Farâsa?

arabischen Aerzte, S. 100) und gegen welchen Unsinn Ben Aderet zu antworten sich bemüssigt sah, (vergl. Grätz. ibid. VII., S. 179.) aus seinem parteiischen Standpunkte erklärbar[39]). Setzen wir nun für einen Augenblick, sagt trefflich Herr Muir (the Testimony born by the Coran etc. p. 45, vergl. auch p. 122) die zwar grundlose Behauptung als wohlbegründet hin, daß von Seiten mancher Juden jene Stellen in der heiligen Schrift, die für Mohammed's Mission Zeugniß ablegen, gestrichen und verfälscht wurden, hätten dann die selbst im Korân als rechtschaffen und treu geschilderten Juden dazu etwa beigestimmt? — Würden sie dann etwa nicht ihren Nachkommen die ungefälschte Thora als theures Kleinod bewahrt haben?

Warum wieder bewahrten nicht die zum Islam bekehrten Juden sorgfältige Abschriften von jenen Stellen, die angeblich nicht allein auf Mohammed hinwiesen, sondern zugleich zu ihrer eigenen Rechtfertigung dienen konnten, warum sie dem Judenthume untreu wurden? — Natürlich, weil es allzu offen bekannt war, daß weder eine Fälschung, noch eine Veränderung von der, bei den dem Judenthume mit Leib und Seele treuen Juden sich erhaltene Abschrift der heiligen Schrift stattfand, und daß die bei den arabischen Juden erhaltene Thora mit der in den Händen von Millionen jüdischer Brüder, die damals unter den Römern und Persern wohnten, gleich lautete.

Ferner, würden die Moslimen, die einige Jahre nach Mohammed's Tode nicht allein Syrien, den Geburtsort des Judenthums, sondern Egypten und die Nordküste von Afrika eroberten, etwa sich die Gelegenheit entgehen lassen, um mit allem Eifer nach echten und unverfälschten Abschriften der Thora zu suchen, um dadurch Mohammed's Mission beweisen zu können? (ibid. p. 123—24).

Wie treffend paßt aber auf diese Beschuldigung Mohammed's der bekannte Ausspruch des Talmuds, daß man nicht den Fehler, den man selbst besitze, einem Andern vorwerfe! (B. Mezia 59 a.)

Denn verbürgt ist die Thatsache, daß, als Abdallah-ibn-Masûd einen Vers von Mohammed's Munde niederschrieb und ihn am nächsten Tage vom Papiere ausgekratzt fand, der Prophet erklärte, daß der Vers nach dem Himmel zurückberufen worden sei. — (Weil: Das Leben Mohammed's, S. 382).

Nicht im geringsten ist die Annahme zu billigen, daß Mohammed die biblischen Erzählungen so aufgenommen, wie er sie bekommen habe, (Renan ibid. p. 1092), noch weniger die Behauptung, daß die biblischen Erzählungen in der abweichenden Gestalt, wie sie im Korân wiedergeben werden, bei den Juden in Asien in Umlauf waren (vergl. de Gobineaux p. 56)

---

[39]) Gegen derartige Anklage — welche bereits die Samaritaner erheben, daß die Juden absichtlich aus der Bibel gestrichen haben, (Petermann ibid. I., S. 286) — bemerkt bereits der Midrasch ironisch, daß deßwegen die mündliche Lehre nicht schriftlich mitgetheilt ward, damit die Völker sie nicht fälschen, wie sie es bei der schriftlichen Lehre thaten und behaupteten, daß sie im Rechte seien (Rab. Num. c. 14.)

Indessen! Wenn die Abweichungen nicht wenig den parteiischen Zwecken zuweilen zuzuschreiben seien, so darf auch nicht außer Acht gelassen werden, daß Abweichungen auch aus anderen Gründen stattfinden können. Denn selbst bei den agadischen Berichten über eine und dieselbe Erzählung, gelangen verschiedene Varianten zum Vorschein. So wird z. B. der Tod Saras verschiedenartig erzählt; bald soll ihr Tod erfolgt gewesen sein, als ihr Sohn Isaac ihr den Vorgang bei seiner Darbringung als Opfer von Seiten Abrahams schilderte (Jalkut Gen. § 101); bald soll ihr Tod erfolgt gewesen sein in Folge der ausführlichen Erzählung, die Samael, der Todesengel, ihr darüber machte. (Ibid. § 102.) Um so mehr geschieht dies, wenn aus alten Büchern nun neue Sammlungen veranstaltet werden, als dessen Beispiel das Sepher Massiot von R. Jacob Nissim (ed. Lemberg 1846, S. 14) dienen kann. Rechnet man noch dazu die Unwissenheit, die dabei eine nicht untergeordnete Rolle spielte, so werden die im Korân vorkommenden Verstümmelungen und Entstellungen der biblischen Erzählungen nicht mehr Wunder nehmen. Es ist also weit mehr seiner Unfähigkeit, als seiner Absicht zuzuschreiben, wenn Mohammed die mosaische Lehre nicht rein und vollständig vorgetragen habe, obschon er anfangs die von den Juden erlauchten Ideen verarbeitete, sie selbst in seinem Aeußeren nachahmte. (Sprenger III. S. 45.)

Denn im Orient entlehnen, wie Herr v. Gobineaux (ibid. p. 7—9) gründlich nachwies, verschiedene Religionen, Gebräuche und Ceremonien von einander, und verehren sie dann in ihrem Cultus als einheimische Heiligthümer! — Und trefflich ist doch dessen (ibid. p. 65—67) über den Culturzustand der Juden in Asien entworfene Schilderung, die jedenfalls volle Anerkennung verdient.

Werfen wir nun einen Blick auf den Culturstand der arabischen Juden, auf ihren Erwerb und ihre gewöhnliche Beschäftigung.

Die Hauptbeschäftigung und der vorzügliche Betrieb der meisten jüdischen Familien war die Landwirthschaft, die Pflege der Baum- und Erdfrüchte und auch die Viehzucht. Ob die Besitzer, von Aeckern und Dattelbäumen, von Viehen und Thieren, die damit verbundenen religiösen Pflichten genau eingehalten haben, wird uns zwar von keiner Seite mitgetheilt, können es aber als wahrscheinlich voraussetzen.

Andere jüdische Männer waren Kaufleute, die den Arabern Kleider[40] und andere Gegenstände verkauften, (Ibn Hischam II.,

---

[40] Als einst Mohammed einen jüdischen Kaufmann ersuchen ließ, ihm ein Kleid zuzuschicken, weigerte sich jener, es ohne Vorherbezahlung zu senden. (Miškat II., p. 349). Wahrscheinlich, weil Mohammed, als er mächtig geworden war, das Binden und Lösen selbst in geringfügigen Dingen auf das Schändlichste mißbrauchte. (Sprenger I., S. 358, Anm. 2). Daher, als einst ein selbst von moslimischer Seite genannter „braver" Jude zu Moham-

S. 3), andere wieder waren Goldarbeiter (ibid. S. 9.) So besaß der jüdische Stamm Banu Kaynoká weder Felder noch Dattelbäume, sondern ernährte sich von Juwelier= und Goldarbeiten. (Sprenger III., S. 147).

Auch hatten die Juden ihre eigenen Thmpalen= und Flöten= Spieler, wie auch Sänger (Ibn Hischam. II., S. 81), die wahrscheinlich neben den häuslichen und friedlichen Freuden auch im Kriege zur Erheiterung und Ermunterung der Kämpfenden dienten, da auch bei den Korahschiten Sklavinnen die Krieger durch ihren mit Handtrommeln begleiteten Gesang ergötzten (vergl. Sprenger. III., S. 113).

Denn die arabischen Juden führten nicht selten, sowohl mit den heidnischen Nachbaren, als auch unter einander Krieg, wobei sie sich nicht allein als Helden und tapfere Sieger, sondern auch als treue Bundesgenossen bewährten. Ja, mußten sie demnach zuweilen in den Reihen ihrer Alliirten selbst gegen einander kämpfen, sobann vereinigten sie sich, wenn ein Kriegsgefangener von einer der beiden Parteien verkauft wurde, um ihn loszukaufen (Sprenger III., S. 7, Anm. 1) der talmudischen Vorschrift nämlich gemäß, daß die Loskaufung der Gefangenen eine der größten Wohlthaten sei. (B. Batra 8 a.), welcher humane Geist des Judenthums in den Islam überging, in welchem, von dessen frühesten Anfängen an, die Freilassung eines Sclaven als Sühne für begangene Sünden in zahlreichen Fällen als religiöses Gesetz galt. (vgl. v. Kremer: Culturgeschichte ꝛc. I., S. 526—27).

Solche und ähnliche Vorzüge der Juden, insbesondere ihre geistige Ueberlegenheit, — da sie eine altehrwürdige Literatur besaßen, die eine solche Fülle von Kenntnissen und Belehrungen enthält, die fast auf jede im menschlichen Leben auftauchende Frage, Anleitungen zu dessen Lösung zu gewähren vermag, — nöthigte selbst die Moslimen das unbedingte Geständniß ab, daß sie Männer der Schrift seien und Kenntnisse besitzen, die den Arabern abgehen (Ibn Hischam. I., S. 101.) Mehrere arabische Stämme schlossen sich daher ihnen an, und nahmen das Judenthum an. Daß aber die Juden keineswegs auf die Proselytmacherei ausgingen, beweist folgende Erzählung: Ein gelehrter

---

med kam, um das ihm gebührende Geld einzufordern, wollte er dessen Wohnung nicht verlassen, damit er ihm seine Schuld bezahle. (Miškat II., p. 675). Dies darf allerdings nur bei einem Propheten Wunder nehmen! — Sonst kam es ja in Mekka vor, daß fremde Krämer Waare dahin brachten, dieselben verkauften und, wenn sie die Bezahlung verlangten, mit Hohn fortgeschickt wurden und es sich doch, da es keine Gerichte gab, gefallen lassen mußten, wenn sie nicht mächtige Geschäftsfreunde in Mekka hatten. (Sprenger III., S. 93). — Erfreulich ist doch die Erscheinung, daß die arabischen Juden keinen Wucher betrieben haben, denn sonst hätte es Mohammed, der den Wucher verbot (Sura 2, v. 51, 52), vor dem Wucher warnt (Fundgruben I., S. 182) und die Wucherer flucht (ibid. S. 301), ja der sowohl die, welche auf Zinsen geben, als die, welche auf Zinsen nehmen, flucht (Miškat II., p. 2), dem jüdischen Gesetze also ganz gemäß (Tanchuma meschputim c. 9 und Mechilta ed. Friedmann S. 96), nicht unterlassen, die Juden als Solche zu tadeln.

Jude wies den Zayd b. Amr, der ihm seinen Wunsch äußerte, zum Judenthume überzutreten, auf gelinde Weise zurück, und ihm eher anrieth; die Religion des Abraham anzunehmen (bei Sprenger I., S. 120.) Dieser gelehrte Jude handelte gewiß nach der talmudischen Vorschrift, welche eine weise Zurückhaltung gegen neue Ankömmlinge gebietet (Jebamot. 47 b.), und sein Rath ist gewiß so zu verstehen, daß jener lieber die sieben Gebote, die ein Nichtjude zu beobachten habe, (vergl. Synhedr. 56 b., Pesikta ed. Buber S. 100 b.), genau erfülle; denn einen Noachiden, der die sieben Gebote genau beobachtet, soll man höher schätzen, als einen Juden, der die Thora nicht pflegt. (Sepher Chassidim §. 358).

Innerhalb der jüdischen Gemeinde in Arabien war also das Leben nach den Lehren des Talmuds eingerichtet.

Wir finden bei den arab. Juden unter der überwiegenden Menge arab. Namen dennoch auch jüdische (Nöldecke in der Zeitschrift der deutsch. morgl. Gesellschaft Bd. 12, S. 705, Anm. 2.) Denn die Juden in Arabien waren ihrer selbst in einem so hohen Grade bewußt, daß sie von ihren heidnischen Nachbaren nicht das Geringste entlehnten. Demnach ist aus der Behauptung Sprengers (III. 523. Anm.), daß einige Juden, wenn sie gerade in Mekka waren, Umgänge und andere Ceremonien bei der Kaaba verrichteten, keine weitere Consequenzen zu ziehen. — Aufrecht stand der Glaube an die Offenbarung der heiligen Thora! und wenn aus dem Korân zu entnehmen ist, daß unter den Juden Meinungsverschiedenheiten über die Bibel entstanden seien, worüber sie noch zu Mohameds Zeit in rathloser Ungewißheit blieben (Sura 74, v. 45), so ist dies wahrscheinlich nur auf die bereits im Talmud (B. Batra 13. b.) erwähnten verschiedenen Ansichten über die Verfasser der einzelnen Prophetenschriften und über die letzten Verse im Deuteronomium, zu beziehen.

Allerdings gab es schon in alter Zeit solche Leute, welche die Offenbarung der Thora leugneten und gegen welche die Talmudlehrer häufig polemisirten (vergl. Synhedr. 90 a. Chulin. 90 a. und Siphri ed. Friedmann S. 94 b.) Bei den Juden in Arabien aber findet sich von derartiger Freigeisterei keine Spur.[41])

---

[41]) Der dem Mohammed in den Mund gelegte Ausspruch, daß die Kinder Israels in „zweiundsiebzig" und die Seinen in dreiundsiebzig Secten getheilt seien (Miskat. I., p. 50.), der nach Hofrath v. Kremer im I. oder II. Jahrhundert nach Mohammed erfunden sei, (Culturgeschichte c. II. S. 400), und nach Freiherr v. Hammer aber (im Journal asiatique Tome VI, p. 21, und Tome VII., p. 32) der Wirklichkeit entspreche, da der Islam wirklich in dreiundsiebzig Secten getheilt wäre, ist — nach meinem Dafürhalten — gar nach einer Agada gebildet worden. Da nämlich nach der Agada jedes Wort bei der göttlichen Offenbarung in „sieben" Stimmen getheilt wurde (Schochar Tob Psalm c. 92.), so entstand demnach zunächst die Tradition, daß der Korân zuerst in „sieben" Buchstaben (Fundgruben I., S. 294) und, daß der Korân in „sieben" Dialekten gesandt wurde. (Miskat I., p. 527.) Nun aber folgte (Midrasch daselbst) der Zusatz, daß eben diese „sieben" Stimmen in „siebzig" verschiedenen Sprachen vernommen wurden. (Der Vordersatz ist nun in Sabbat 87 b. zu ergänzen. Vergl. Abtheilung I., S. 27.), woher dann erst die Tradition von

Denn wie äußerst streng die arab. Juden in diesem Punkte waren, beweist unzweideutig folgender geschichtlicher Vorfall.

Als die Juden, die ihren Rabbiner nach Mekka sandten, um mit Mohammed zu disputiren, hörten, daß dieser sich im Zorne geäußert, daß Gott dem Menschen nichts geoffenbart habe, tadelten sie ihn und sagten: Wie? hat Gott nicht dem Moses die Thora geoffenbart? Wie konntest du so etwas sagen? Als der Rabbiner zu seiner Vertheidigung erwiderte, daß Mohammed ihn aufgebracht habe und er in seiner Wuth jene Worte sprach, versetzten die Juden: Wenn du im Zorne solche Dinge sprichst, bist du nicht würdig, Rabbiner zu sein. Sie setzten ihn auch ab und setzten einen Andern an seine Stelle (Sprenger II., S. 294, Anm. 2.[42])

Daher als das Ungewitter über sie hereinbrach, hielten sie an ihre Religion fest und wiesen jede Verlockung zur Abtrünnigkeit mit Spott und Ironie zurück. —

Sie bewährten sich als würdige Nachkommen ihrer großen Ahnen und berühmten Eltern, von denen die Ueberlieferung rühmt, daß keine Nation je sich so bereitwillig, als sie, für die Heiligkeit des Namen Gottes dem Tode weihte. (Tanchuma P. Tezawe c. 5).

In allen Religionskriegen, welche Mohammed führte, waren unter seinen Gegnern nicht zwanzig Menschen, welche den Märtyrertod gestorben sind, die meisten waren in Bezug auf Religion indifferent — ausgenommen die geborenen Juden! (Sprenger III. Vor. S. XI). Hätten aber die Juden in ganz Arabien rechtzeitig in Einigkeit gelebt und in den eingetretenen Wechselfällen fest zusammengehalten, so hätten sie sich so viel Unheil erspart[43]) und den Fortschritt der Erkenntniß bei Weitem mehr gefördert.

Doch gebührt ihnen das Verdienst, das Bedürfniß der Zeit verstanden und es Anderen begreiflich gemacht zu haben. (Sprenger III., S. 205).

Dieses Verdienst hatten von jeher und haben noch immer die Israeliten in ihrer weiten Zerstreuung im Orient wie im Occident: um die Erhaltung reiner Vorstellungen von Gott, um die Anregung und Aufklärung und um das Ankämpfen gegen Verfinsterung und Verdummung im liberalen Sinne!

---

den „zweiundsiebzig" Secten in Israel entstanden war, vergl. übrigens Steinschneider (in der Zeitschr. der deutsch.-morgl. Gesellsch. Bd 4., S. 145.)

[42]) Indessen mag vielleicht dieser Rabbiner nur jenem Mißbrauche entgegen zu treten gewollt haben, daß nicht Jeder sich einbilden möge, als ob auch ihm Offenbarungen zu Theil geworden seien. Er wollte vielleicht nur diese Giftpflanze mit einem Schlag ausgejätet wissen. In diesem Sinne sagten einst die Juden zu den Korahschiten auf deren Frage, ob ihre Religion oder die des Mohammeds besser sei? — Eure Religion ist besser, ihr seid der Wahrheit „näher" als er. (Ibn Hischam II., S. 93.), worüber sich schon Mohammed selbst beklagte, daß die Juden die heidnische Religion höher schätzen als die seinige. (Sura. 4. v. 49.)

[43]) Denn Mohammed hatte nicht allein die in Medina wohnenden jüdischen Stämme der Benu Nadhir und Benu Kainoka vertrieben, sondern von dem jüdischen Stamme Benu Karaiza ungefähr 800 Männer schauderhaft hingeschlachtet, und deren Frauen und Kinder zu Gefangenen gemacht.

Mohammed

nach

Talmud und Midrasch

kritisch-historisch

bearbeitet

von

Dr. Isaac Gastfreund
in Wien.

> Nicht was den Gebildeten oder Geniebegabten von Andern auszeich et und ab-chneidet ist des M nschen Höchstes; sondern die Substanz dessen, was er gemein hat und was ihn gleich macht mit der Menschheit, mit seinem Volke, das ist des Menschen Höchstes (Berthold Auerbach: „Deutsche Abende", S. 124).

III. Abtheilung.

Robert Friese, Leipzig.
1880.

Von demselben Verfasser sind bereits erschienen:

Biographie des Tanaiten R. Akiba.	60 kr.
Mohammed nach Talmud und Midrasch. I. Abtheilung.	60 „
Mohammed nach Talmud und Midrasch. II. Abtheilung.	60 „
Mohammed nach Talmud und Midrasch. III. Abtheilung.	60 „
Das Haus Königswarter. {hebräisch / u. deutsch} je zu	40 „
Biographie Jellinek's.	40 „
„ Frankl's.	40 „
Die Wiener Rabbinen seit den ältesten Zeiten bis auf die Gegenwart.	2 fl. 40 „
Biographie R. Jonathan Eibenschütz' und Professors L. Munk in Paris, wie auch das Haus Rothschild.	40 „
Die Tochter, als Minderjährige, als Braut und als Gattin.	80 „

und auch beim Verfasser in Wien zu haben.

Den

hochlöblichen Herren Vorstehern und Repräsentanten

der

Israelitischen Cultus-Gemeinde

in Wien,

insonders deren Präses

dem Herrn

Reichsrath-Abgeordneten Dr. Isaac Kuranda,

zugleich als Festgabe dem Secretär derselben

Herrn Dr. Ludwig August Frankl, Ritter von Hochwart,

zu dessen am 3. Februar 1880 stattfindenden

siebzigsten Geburtstage

in

Ergebenheit und Hochachtung

gewidmet

vom

Verfasser.

VIII.
Mohammed's Arzneikunde.

Die arab. Juden waren nicht allein ein Volk der h. Schrift, sondern auch einer bedeutenden Literatur, welche einen unermesslichen Schatz von Kenntnissen enthält, worunter die Medicin und deren Anwendbarkeit einen nicht geringen Platz einnimmt.[44]) Da es nun sicher ist, dass Mohammed ausserordentlich viel von Juden nicht erst in Medina, sondern schon zu Mekka lernte (vgl. Nöldeke in der Zeitschrift d. deutsch-morgl. Gesellsch. Bd. 12 S. 701), so unterliegt es keinem Zweifel, dass Mohammed auch von der realen Wissenschaft, wie sie damals bei den Juden in Arabien bekannt war, nach Möglichkeit einzelne Brocken sich aneignete.

Obschon der Prophet sein Augenmerk auf die Astronomie gar nicht lenkte, und trotz der talmud. Einschär-

---

[44]) Dass die Arzneikunde in Israel von jeher gepflegt ward, bezeugt hinreichend die Bibel, und ausdrücklich werden H a l a c h o t h d e r' A e r z t e (Jerusch. Jebamoth. c 7; 2. Siphri Deuter. § 247) und einzelne hervorragende Aerzte erwähnt. Noch zur Zeit des Bestandes des Tempels war ein Beamter angestellt, der über die Leibschmerzen der Priester zu wachen hatte (Jerusch. Schekalim c. 2), zu welcher Zeit auch ein jüd. Wundarzt eine glückliche Operation in Jerusalem vollzog (Siphra ed. Weiss S. 16a), und im ersten Jahrhundert nach der Zerstreuung Israels ein, wahrscheinlich jüd. Arzt an einem Talmudlehrer ebenfalls eine Operation vornahm (Jerusch. Nasir c. 6; Siphra ibid. S. 94a). Berühmt sind die jüd. Aerzte: T o b i a s i n J e r u s a l e m (Jerusch. Rosch-ha-Schana c. 1, 9) und der jüd. Arzt T o d r o t h, dem sich viele andere, wahrscheinlich jüd. Aerzte als Assistenten anschlossen (Jerusch. Berachoth c. 1). Später hatte R. Jehuda, der Sammler der Mischna, den R. Samuel zum Leibarzt (B. Mezia 79b). Da ferner in der späteren Zeit (vom siebenten bis dreizehnten Jahrhundert) ausgezeichnete jüd. Aerzte in Arabien nach Hunderten zählten (vgl. Wüstenfeld, Geschichte der arab. Aerzte S. 9—121), so dürfen wir mit Gewissheit annehmen, dass auch v o r dem Islam bereits jüd. Aerzte in Arabien waren. Denn es geht aus der Tradition hervor (vgl. Mis'kat II p. 376—77), dass jüd. Aerzte den Arabern medicinischen Rath ertheilten, und dass al-Kindi, der erste Moslim, welcher die Arznei betrieb, ein Jude war (Ibn Khalikan's Biograph. Diction. by Slane I. Introd p. 27, Note.)

fung sich mit der Astronomie zu beschäftigen (Sabbat. 75a), diesbezügliche Weisungen von ihm sehr spärlich tradirt werden, so z. B. lediglich von den fünf Planeten (Mis'kat I. p. 26), von der Sonnenfinsterniss, die in Folge des Austritts der Sonne aus ihrem Wagen entstehe (ibid. p. 27), von den Sternenschnuppen, welche Dämonen seien, die in dieser Gestalt durch die Himmel schweben (Fundgruben I. S. 292), welche all diese Weisungen den Magiern gehören, so liegt der Grund offenbar darin, dass die Religion der heidnischen Araber im Gestirndienst bestand (vergl. „Mohammed nach Talmud Midrasch" I. Abtheilung S. 8 Anm. 3), und Mohammed sorgfältig alles das mied, was an das Heidenthum so leicht erinnern konnte. Daher er wohl von den Juden zuweilen astronomische Belehrung annahm. Er lehrte, dass die Sonne beim Untergange im Wasser sich bade, wodurch sie abgekühlt⁴⁵) wird (Chronique de Tabari I. p. 24.), welche Lehre der Agada (Midrasch Psalm c. 19; Jalkut Jesaia c. 66 § 373) entnommen ist. Auch andere, dem Mohammed in den Mund gelegte astronomische Lehren, wie, dass die Sonne aufzugehen sich weigere und nur durch Drohung und Zwang sich zum Erscheinen gedrungen sehe (Sprenger I. S. 112), dass ferner der Mond ursprünglich der Sonne g l e i c h war und später erst verkleinert wurde (Mis'kat I. p. 24), sind der Agada (Nedarim 39b; Rab. Echa c. 2; Tanchuma Korach c. XI; Schebuot 9a; Chulin 60b; Rab. Gen. c. 6; Pirke de R. Eliaser c. 51) entlehnt.

Also Mohammed nahm auch astronomische Anschauungen von den jüd. Schriftbesitzern auf, wesshalb auch erklärlich ist, dass Mohammed sein Verbot: von den Magiern keine Weiber zu nehmen und keine Speise zu geniessen, nicht auf die Juden ausdehnte (vgl. Muir ibid. p. 473 Note 1), wogegen er der A s t r o l o g i e ganz abhold war. Sein diesbezüglicher Ausspruch, dass wer einen Astrologen befragt und seinen Deutungen Glauben beimisst, der sei ein Ungläubiger(Mis'kat I. p. 122—23), entspricht nur zu sehr dem Talmud, demzufolge es ver-

---

⁴⁵) Eine spätere Relation scheint jene Tradition zu sein, dass an einem gewissen Zeitmoment ungesehen von Oben Gift in jegliches nicht bedecktes Wasser falle (Mis'kat. II. p. 341), welcher Glaube jener spätern Mystik entspricht, dass man zur Zeit, in der die Tekufe fällt, kein Wasser trinke, aus Besorgniss vor den in das Wasser vielleicht gefallenen schädlichen Tropfen Bluts (vgl. Jore dea § 316; Orach-Chaim § 455).

boten ist, einen Astrologen zu befragen (Pesachim 114b), hingegen ist Demjenigen, der keine Zauberei treibt, der Zugang zu jenem Ort verheissen, wohin selbst dienstthuende Engel nicht zugelassen werden (Nedarim 32a). Völlig anders verhält es sich in Bezug auf die Arzneikunde. In dieser Kenntniss suchte Mohammed so viel als er nur konnte zu erhaschen, umsomehr da die medicinischen Kenntnisse der Araber vor Mohammed gewiss nicht wissenschaftliche genannt zu werden verdienen (Wüstenfeld: Die Akademie der Araber S. 3). Gehörte es ja auch in den Bereich eines Propheten, Kranke zu heilen, Leidende aufzurichten und Schwache zu stärken. Er liess sich gewiss keine Gelegenheit entgehen, um medicinische Floskeln oder Heilmittel zu erhaschen, weil es ja einem Gottesgesandten nicht an Kraft mangeln durfte, Kranke zu heilen und Schmerzen zu entfernen. Wodurch anders konnte der Glaube an seine überirdische Mission bei der Menge befestigt werden, als durch Hilfeleistung und Heilung, die bei der unwissenden Menge Wundern gleichkamen? — Und in der That! Aus der ungeheuren Menge durch die Tradition erhaltener Aussprüche des Mohammed, die sich auf die Medicin beziehen, ist zu ersehen, dass Mohammed öfters ärztliche Rathschläge ertheilte (Wüstenfeld: Geschichte der arab. Aerzte S. 8) Er selbst nahm Medicamente"[46]). (Mis'kat I p. 51) und wurde von Anderen um Heilmittel angegangen (ibid. p. 31). Einst kam ein Mann zum Propheten und sagte ihm: „Gottes Gesandter, mir ward ein schwarzes Kind geboren." Hast Du Hoffnung, sagte der Prophet, dass es seine Farbe ändern werde? „Sie fällt in's Röthliche". Sind Flecken darunter? „Ja". Vielleicht ist es dann bloss eine Wirkung des herausgetriebenen Schweisses (Fundgruben I. S. 300—301; vgl. auch Mis'kat II p. 127—28). Lehrt etwa nicht diese Erkenntniss

---

[46]) Die Thatsache, dass Mohammed, als er in seiner letzten Krankheit aus seiner Ohnmacht wieder zu sich kam, darüber sehr ungehalten war, dass eine von seinen Frauen ihm, während dieser Ohnmacht, eine aus der Heimath mitgebrachte Medicin eingoss (Ibn Hischam II S. 345), oder, wie eine Variante lautet, Oel in die Nase träufelte (Chronique de Tabari III p. 214), widerspricht durchaus nicht der hier ausgesprochenen Behauptung, denn Mohammed's Unzufriedenheit ist aus dem Grunde erklärbar, dass damals Medicin in den Mund träufeln für ein Zaubermittel galt und bei Menschen angewandt wurde, welche verunreinigt waren und mit denen der Teufel sein Spiel trieb (Sprenger III. S. 553.)

dass ein neugeborener Organismus der Ausbildung bedarf? wie es der Talmud lehrt, dass wenn ein neugeborenes Kind roth ist, so ist der Blutumlauf noch nicht in gehöriger Ordnung, wenn es aber grünlich und gelblich ist, so fehlt es dem Blute noch an wesentlichen Bestandtheilen (Sabbat 130a). Als ein arab. König den R. Akiba um Rath fragte, dass seine Frau, die gleich ihm schwarz ist, ein weisses Kind gebar, ob es vielleicht gar nicht sein Kind sei? — „Sind die Bilder an den Wänden Deines Gemaches, weiss oder schwarz?" versetzte der grosse Lehrer. „Weiss." „Dann ist es in der Ordnung, dass Deine schwarze Frau dennoch, in Folge des Anblickes der weissen Bilder, ein weisses Kind gebar (Rab. Num. c. 9; Tanchuma Nasso c. 7; Jalkut Jeremia c. 22 § 305).

Auch vor R. Jehuda, dem Sammler der Mischna, kam einst ein Mohr mit dem Befremden, dass seine „schwarze" Frau ihm einen „weissen" Sohn geboren, er daher Bedenken trage, ob dieser gar sein Sohn sei? — „Hast Du nicht in Deinem Gemach einen weissen Spiegel?" Ja. „Dann ist es erklärlich, warum Deine Frau einen weissen Sohn gebar." (Rab. Gen. c. 73). Als aber Mohammed auch in der Botanik einen Rath zu ertheilen sich herausnahm, da trat seine erbärmliche Unwissenheit zu Tage. Als er nämlich nach Medina kam und das Volk mit dem Einpflanzen der männlichen Knospen des Dattelbaumes in die weiblichen beschäftigt[47]) sah, da meinte er, dass es wohl besser wäre, sich jeder Nachhülfe der Natur zu enthalten. Man befolgte seinen Wink, der aber eine grosse Unfruchtbarkeit der Dattelbäume zur Folge hatte. Als sich das Volk darüber beklagte, da sprach der Prophet das demüthigende Geständniss: „Ich bin nicht mehr als ein Mensch; wenn ich euch in religiösen Beziehungen etwas verordne, so befolgt es, wenn ich euch in natürlichen Dingen etwas befehle, dann bin ich nicht mehr als ein Mensch (Mis'kat I. p. 46). Nichtsdestoweniger nahm sich Mohammed heraus, den Wassermangel und sonstige Befruchtung auf mysteriöse Weise zu bewirken (Chronique de Tabari III p. 296—97). Betrachten

---

[47]) Diese Nothwendigkeit, Dattelbäume durch menschliche Nachhilfe befruchtend zu machen, erwähnt bereits der Midrasch (Rab. Gen. c. 41; Rab. Num. c. 3; Rab. Koheloth c. 5 v. 11; Midrasch Psalm 92), dass einst ein Dattelbaum keine Früchte trug, bis ein verständiger Sachkenner den Rath ertheilte, dem Uebel mittelst einer künstlichen Befruchtung der männlichen und weiblichen Blüthen ganz abzuhelfen.

wir zunächst die diätetischen häuslichen Mittel, die der Prophet zur Erhaltung der ungestörten Gesundheit aus talmud. Vorschriften entlehnt hat.

Wer jeden Morgen sieben Datteln von einer gewissen Gattung isst, dem schadet an diesem Tage weder Zauberei noch Gift (Mis'kat II. p. 320; Fundgruben I. S. 302 und S. 306.). Bedenkt man nun, dass Datteln bei den Arabern einen Hauptnahrungszweig bildeten — daher die Tradition, dass das beste Frühstück für einen Moslim Datteln seien (Mis'kat I. p. 471) — so wird man sie mit Nahrung überhaupt identisch gelten lassen, und die Anempfehlung dieses Essens früh Morgens als eine Entlehnung aus jüdischen Kreisen (B. Mezia 107b) ansehen dürfen. Das Frühstücken am Morgen, heisst es da, habe dreizehn Vorzüge: Es mache die Sonnenhitze erträglich, beschütze vor Winden, vor bösen Geistern, erhelle den Verstand, verleihe Recht, Kraft zum Studium, mache willkommen, mache das Einstudirte unvergesslich, verscheuche jeden üblen Geruch aus dem Munde, verschaffe Gattenliebe und tödte die Magenwürmer; manche fügen hinzu: es entferne den Neid und fördere die Freundschaft." Ebenso mag Mohammed's Befehl, dass man frische Datteln esse, wodurch man den Satan erzürne (v. Hammer: Die Geisterlehre etc. S. 30), eine Entlehnung aus jüd. Kreisen sein, wo (Kethuboth 108a)der Genuss von reifen Datteln namentlich, zur Mittagszeit genossen, als ein vortreffliches Mittel galt. Allerdings wird eine Zu- oder Abneigung des Propheten erwähnt, bei der man eigentlich an keine Entlehnung zu denken braucht, da sie wohl dem zufälligen Triebe oder Geschmacke, nicht aber einer absichtlichen Nachahmung, entsprungen zu sein scheint.

Bedenkt man aber, dass in der Sunna Aussprüche und Handlungen des Propheten allen Gläubigen zur schuldigen Befolgung und pflichtmässigen Nachahmung hingestellt wurden (Fundgruben I. S. 145), so erscheint dann die Vermuthung nahe, dass Mohammed zuweilen seinen Geschmack nach jüd. Gewohnheit geflissentlich äusserte, um selbst in solchen geringfügigen Dingen den Schriftbesitzern zu gleichen. Mohammed's Neigung für Zwiebel (Fundgruben I. S. 72) mag man vielleicht auf den talmud. Ausspruch zurückführen, dass der Genuss einer Zwiebelart — mag auch eine andere Art einen schädlichen Saft in sich enthalten (vgl. Erubin 29b) —

dem Herzen sehr dienlich sei (Jerusch. Nedarim c. 8, 8; Babli. Nedarim 26b, 66a). Auch seine Abneigung[48]) gegen Knoblauch (Fundgruben I. S. 72), indem er sagte, wer Knoblauch esse, sei es aus Hunger oder Lust, der nahe sich nicht unseren Moscheen und bleibe allein in seinem Hause (Fundgruben I. S. 162), entspricht dem Satze des Talmud, dass der Genuss von Knoblauch einen Geruch von sich verbreite (Sabbat 31a). Daher rührt die Tradition,[49]) wer etwas esse, was einen üblen Geruch von sich verbreite, der solle das Gotteshaus nicht betreten; denn was Menschen nicht leiden können, können auch Engel nicht ertragen (Mis'kat I. p. 150). Auch Mohammeds Verbot, rohe Zwiebel und Knoblauch zu essen, dass vielmehr, wer sie essen müsse, sie zuvörderst zurecht machen solle (Mis'kat I. p. 152), entspricht ebenfalls dem Talmud, dass der Genuss von rohen — blos von den Schalen befreiten — Zwiebeln und Knoblauch sehr nachtheilig sei (Niddah 17a), und dass nicht nur eine Art von Zwiebeln — wie bereits angeführt — als wohlthuend angesehen wird, sondern dass selbst Knoblauch fünf heilbringende Mittel in sich enthalte (B. Kama 81b).

Die von Mohammed als Vorsichtsmassregeln angegebenen Vorschriften, kraft deren die Gesundheit erhalten und Krankheiten vorgebeugt werden, wie auch die Angabe von unnatürlichem oder nachlässigem Verhalten, wodurch oft Krankheiten herbeigeführt werden, sind Auszüge oder Entlehnungen aus talmud. Vorschriften. Er verbot, stehend zu trinken (Mis'kat II. p. 335), da der Talmud das stehende Trinken unter jenen Fällen aufzählt, die den Tod herbeiführen (Sabbat 129a). Er verbot, unmittelbar

---

[48]) Zu seiner Abneigung gegen Knoblauch mag auch folgender Umstand beigetragen haben: Weil nämlich nach dem Talmud (Jerusch. Megilla c 4, 1) es Esra war, der den Genuss des Knoblauch am Freitag Abend ausdrücklich anempfahl — aus dem gerade entgegengesetzten Grunde, aus welchem Pythagoras die Bohnen verbot, weil er sie nämlich für unfruchtbar machend hielt (Meiners: Geschichte der Wissenschaften etc. I. S. 433) — so demonstrirte Mohammed nur seine bekannte Ankämpfung gegen die Verehrung, welche die Juden dem Esra zollten, indem er selbst den Gegenstand, welchen Esra anempfahl, verpönte.

[49]) Auch Mohammeds Verbot, dass man weder auf dem Rücken noch auf dem Bauch liegend schlafen solle (Mis'kat II. p 378), entspricht dem talmud. Ausspruche (Nidda 14a), wobei Raschi und Tossaphoth (das.) den Sinn des Wortes אפרקיד: auf dem Rücken, der Aruch aber: auf dem Bauch liegend, auffasst; Mohammed formulirte sein Verbot nach „beiden" Interpretationen.

von Wasserröhren zu trinken (Mis'kat II. p. 335), ohne den Grund dafür anzugeben, während die bezügliche talm. Quelle ergiebiger fliesst, dass man nämlich aus Flüssen und Bächen nicht unmittelbar mit dem Munde oder aus der Hand schlürfen solle, weil man der Gefahr ausgesetzt wird, einen Blutigel, oder sonst ein schädliches Insekt, zu verschlucken (Aboda Sara 12b). Schon der Talmud untersagt jegliches der Natur zuwiderlaufendes Verfahren: Wer seine Nothdurft zu verrichten aus Nachlässigkeit verschiebt, der übertrete das Gebot: ihr sollt euch nicht ekelhaft machen (vgl. Maccot 17b; Gittin 70a). Man solle desshalb keinen Anstand nehmen, öffentlich zu harnen; einst unterdrückte Jemand aus Anstand seinen Harn und bekam einen geschwollenen Leib (Becharoth 44b). Zwei Oeffnungen befinden sich im Menschen (an den Zeugungstheilen[50]),

---

[50]) Da in der Agada das Vorhandensein des Hermaphroditen als ausgemacht galt, und schon Adam als Hermaphrodit erschaffen worden sein soll, (Rab. Gen. c. 7; Rab. Levit. c. 14; Jalkut Psalm 119 § 887), wo es vielfach und umständlich über den Standpunkt, welchen ein Hermaphrodit zu den verschiedenen Gesetzen einnähme, besprochen und gestritten ward (vgl. B. Batra 127a; Orach Chaim § 589, Abschn. Schofar; Jora Dea § 194: Ueber die Unreinheit einer Menstruirenden; Eben-ha-Eser § 22, und § 172), so ward dieses Thema auch im Islam schon frühzeitig der Erörterung unterzogen: Omir b. Alzarib Aladwami bestimmte zuerst, dass die Frage, ob ein Hermaphrodit als Mann oder als Weib zu betrachten sei, ob er das Erbtheil eines Sohnes oder einer Tochter zu bekommen habe, darnach entschieden werden solle.[*]) aus welchem Gliede er urinire (Ed. Sachau in den Sitzungsberichten der Kaiserlichen Akademie der Wissenschaften in Wien Jahrg. 1870 S. 719 Anm.). Ebenso ventilirte man bereits die Frage: wie denn die Hermaphroditen, in Hinsicht des Gebetes in der Moschee, es zu halten hätten, (Hofrath v. Kremer: Geschichte der herrschenden Ideen des Islam S. 179).

[*]) Aehnlich soll Salomon die Forderung eines zweiköpfigen Menschen, der in der Erbschaft seines Vaters, der vom Aschmedai aus der Erde mit zwei Köpfen und vier Augen hervorgebracht war, auf zwei Theile Ansprüche machte, dadurch niedergeschlagen haben dass er nachwies, dass die an einem Gesichte veranlassten Schmerzen zugleich auch von dem anderen mitempfunden wurden, wodurch ersichtlich war, dass beide Köpfe nur einen Körper bildeten (Sepher Maassiot von Ibn Ittur ed. Ven. S. 12). Auf diesen Midrasch, der wahrscheinlich nicht alt ist, beziehen sich Tossaphoth (Menachot 36a) (vgl. meine Schrift: „Aeussere Einflüsse auf Sage und Sitte in Israel S. 12). Es sei nun ein für alle Mal an jene Herausgeber von Midraschim die dringende Mahnung hiemit ergangen: nicht jede als Midrasch sich ankündigende Erzählung als Midrasch gelten zu lassen; noch weniger jegliches in einem Kauderwelsch geschriebene Märchen in rein Hebräisch übertragen zu lassen, da dadurch nicht die historische Forschung, sondern nur die Selbsttäuschung gefördert wird.

durch die eine wird der Harn und durch die andere der Samen abgesondert; beide aber trennt eine Membrane, so dünn wie eine Knoblauchschale; sobald aber diese Scheidewand durch Zurückhalten des Harns durchlöchert wird, bleibt die Person unfruchtbar (Berachoth ibid.). Wie zurückgetretener Stuhlgang die Wassersucht (Berachoth 65a, 83b; Bechoroth 44a; Tamid 3, 27), so habe auch verhaltene Harnentledigung die Bleichsucht (ibid.) zur Folge. Demgemäss verbot Mohammed, dass man Keinen beim Harnen stören dürfe, weil Dies demselben schädlich werde (Mis'kat I. p. 110).
Selbst ein Gebet darf vom Harnen nicht zurückhalten (ibid.p.225[51]). Da nun eine der Hauptursachen aller Krank-

---

[51]) Dagegen ist Mohammeds Verbot, „stehend" zu harnen (Mis'kat I. p. 85), nicht aus Gesundheitsrücksichten, sondern aus dem vom Talmud angegebenen Grunde zu erklären, damit nämlich nicht etwa von dem verunreinigenden Urin auf die Füsse tröpfle (Niddah 13a). Als eine Contradictio in adjecto klingt also Mohammed's Vorwurf gegen die Juden — welche bekanntlich jede Verunreinigung meidend, von jeder Berührung mit Unflath behutsam sich fern halten —, dass sie die Höfe ihrer Häuser nicht rein halten (Mis'kat II p. 367). Welche Verkehrtheit! Sagt etwa nicht bereits der Talmud, dass äussere Reinlichkeit innere Herzensreinheit zur Folge habe (Sota 49a), dass Unreinlichkeit am Haupte, Blindheit, an den Kleidern, Wahnsinn, und an dem Körper, Aussatz und Blattern verursache (Nedarim 81a), und dass ein Gelehrter, auf dessen Gewand man Schmutzflecke gewahrt, gleichsam den Tod verdiene (Sabbat. 108b). Sonderbar! gerade diesen Reinlichkeits-Forderungen gemäss sagte der Prophet, dass ein Prophet zehn[*]) Säuberungs- und Reinigungsarten des Körpers nicht unterlassen dürfe (Miskat I. p. 88). Er rupfte sich die Haare an den Achselgruben aus, schabte die Haare an den verdeckten Körpertheilen weg (Miskat I. p. 89) und befahl Andern, dasselbe zu thun (ibid. II. p. 359). Er hatte eine Art Zahnbürste (ibid. I p. 88) und Haarbürste (ibid. p. 101). Was für eine schöne Sache ist es nun, rief Mohammed vergnügt aus, das Reiben der Zähne mit dem Holze Siwak! es erhält die Zähne, reinigt dieselben vom Schleime, befestigt das Zahnfleisch, vertreibt den üblen Geruch des Mundes, bessert den Magen, erhebt zu Stufen im Paradies, wird von den Engeln gelobt, von Gott mit Wohlgefallen aufgenommen und erzürnt den Satan (v. Hammer, die Geisterlehre etc. S. 20). Nie kam der Engel Gabriel zum Propheten, ohne ihm das Reiben mit dem Holze Siwak zu empfehlen (ibid. S. 23). Seltsam genug! noch einige Stunden vor seinem Tode rieb sich Mohammed seine Zähne mit einem Zahnstocher noch sorgfältiger als je zuvor (Chronique de Tabari III. p. 215—216; Ibn Hischam II. S. 348.

---

[*]) Nach der uralten Vorstellung der Morgenländer ist die Zehnzahl die wichtigste und vollkommenste aller Zahlen (vgl. v. Hammer, Geschichte des osmanischen Reiches II. S. 15, und Stuhr: die Religions-Systeme I. S. 78) und nach dem Talmud (Jerusch.

heiten die Unmässigkeit sei, wesswegen der Talmud sich schon tadelnd über jene Schlemmer auslässt, welche bei einer Mahlzeit unglaublich viel Fleisch verzehren (vgl. Synhedr. 94b; Pesachim 57a) und ermahnt, dass, wer seinen Magen, gleichviel mit welcher Speise, überladet, von einem Fieber ergriffen werde (Gittin 70a); ferner: wer seinen Becher mit einem Schluck ausschlürfe, ein Säufer, mit zweien ein Mässiger, mit dreien ein Hochmüthiger sei (Pesachim 66b) — desshalb sagte auch Mohammed, dass der Rechtgläubige mit einem Eingeweide, der Ungläubige hingegen mit sieben Eingeweiden esse (Mis'kat II. p. 319; Fundgruben I. S. 302), und dass derjenige Trunk, bei welchem man inzwischen Athem hole, den Magen kühle, den Durst stille, und dem Körper Gesundheit und Stärke verleihe (Mis'kat II. p. 335, vgl. auch p. 337). Mohammed empfahl einen Erdschwamm, der dem den Israeliten in der Wüste[52]) gewährten Manna gleiche, als Heilmittel für Augenleiden (Mis'kat II. p. 320). Dass Mohammed mit den Fingern und nicht mit Messer und Gabel zu essen empfahl (Mis'kat II. p. 323), erinnert an jenen Talmudlehrer, welcher dem Essen mit den Fingern vor dem mit Tischzeug, aus angeblichen Sanitätsrücksichten, den Vorzug gab (Nedarim 49b). Schmücket eure Tafeln, belehrt Mohammed die Seinen, mit Gemüse, denn das vertreibt den Satan (v. Hammer, die Geisterlehre etc. S. 29). Auch der Talmud empfahl den Genuss von Grünzeug: Ein Lehrer dürfe nicht in einer Stadt wohnen, in der kein Gemüse zu finden sei (Erubin 55a), und gar Niemand dürfe da wohnen, wo es an Gemüse mangelt (Jerusch. Kidduschin c. 4, 12), welches eigentlich die Nahrung eines jeglichen armen Studirenden bilde (Sabbat. 140a); ein gewisses Gemüse besitze auch eine heilsame Kraft, die für Herz und Augen, sowie für

---

[52]) Nebenbei bemerke ich hier, dass die Erzählung, wonach die Kleider der Israeliten, während ihres Aufenthaltes in der Wüste, weder veralteten noch verdorben oder zerrissen wurden, und dass jedes Kind mit der Geburt zugleich seine Kleidungsstücke zur Welt brachte, welche mit ihm wuchsen und sich erweiterten (Chronique de Tabari I. p. 394), ganz nach der Agada (vgl. Midrasch Psalm 23, und sehr abgekürzt im Jalkut Num. § 683 und Ekew § 850) gebildet ist.

Berachoth c. 7; Babli Megilla 25b) bilden zehn Leute eine Gemeinde. Auch die Kabbala macht aus der Zehnzahl vielfachen Gebrauch (vgl. Grätz: Geschichte der Juden VII. S. 80; vgl. auch Mohammed nach Talmud und Midrasch II. Abth. Anm. 27).

Eingeweide dienlich sei (Berachoth 39a; Eubin 29a) Vielleicht ist das im Talmud (Gittin 69a; vgl. auch Sabbat. 110b) erwähnte Heilmittel, der Alon gemeint, von welchem Mohammed sagte, dass darinnen sieben heilende Kräfte seien (Eundgruben I. S. 305). Nicht allein Vorsichtsmassregeln und Verhaltungsmethoden, um jede Krankheit fern zu halten, sondern selbst um die bereits eingetretene Krankheit zu lindern, oder sie zu vertreiben, erliess Mohammed bestimmte Recepte, die eigenttich aus jüd. Kreisen entlehnt sind, da deren Quellen in der talmud. Literatur sich wiederfinden. Die Heilung, sagte Mohammed, liegt in drei Dingen: im Honigtrank[53]), in der Schröpfung[54]) und im Brennen mit Feuer — nach einer Variante: im Legen heisser Platten[55]) an die schmerzende Stelle (Mis'kat II. p. 373) — da letztere meinem Volke verboten sei (Fundgruben I. S. 305).

[53]) Bei den Israeliten, welche überhaupt nach Süssigkeiten begierig waren (vgl. Jerusch. Taanit c. 4, 5; Pesikta ed. Buber S. 114a) galt Honig als ein innerliches Heilmittel (vgl. Berachoth 44a; Joma 83b), für Wunden aber galt es nicht für zuträglich (vgl. B. Kama 85a). Auch Mohammed liebte vorzugsweise den Honig (Fundgruben I. S. 299), und empfahl ihn den Seinen (Sura 16). Doch wie seltsam! Geradezu den Honig empfahl Mohammed gegen jeglichen Durchfall (Mis'kat II. p. 373). Als eine höchst interessante Mittheilung führe ich hier die Worte des berühmten R. Simeon Duran aus seinem noch immer einer kritischen Herausgabe harrenden Buche: קשת ומגן an, die nach mannichfachen Richtungen Ergötzliches bieten, sie lauten: כי בא אחד אל השליח (מחמד) לרפאות אחיו משלשול, וא"ל בשליחות האל שישתה דבש ויתרפא, ושתה הדבש והוסיף לו השלשול, וא"ל לא צדק דבר האל? והשיבו: צדק האל, וכזב בטן!

[54]) Ganz dem Talmud gemäss (B. Batra 58a), dass die erste Basis aller Krankheit die Vollblütigkeit sei, und dass das Schröpfen weder sehr schmerzlich noch gefährlich sei (vgl. Kethuboth 39a; Bechoroth 24b). Daher lässt die Tradition dem Mohammed nicht allein Ader schlagen (Mis'kat II. p. 51), sondern eine Schaar Engel ihm in der nächtlichen Himmelsfahrt zurufen: Mohammed, lass dich schröpfen! (ibid. II. p. 346, und v. Hammer ibid. S. 19).

[55]) Da in früheren Zeiten in Arabien mehrmals vulkanische Ausbrüche stattfanden, welcher Umstand viele Feueranbeter herbeigezogen haben mochte (vgl. Wüstenfeld: Geschichte der Stadt Medina S. 24), so ist dadurch Mohammeds Verbot, mit Feuer zu heilen erklärbar. Indessen scheint Mohammed von dieser seiner Meinung abgewichen zu sein, wahrscheinlich weil er, durch jüdische Vermittlung, eines Anderen belehrt wurde. Da nämlich der Talmud sagte, dass das Feuer den sechzigsten Theil der Hölle in sich habe (Erubin 19a), darum sagte auch Mohammed, dass das Feuer der siebzigste Teil der Hölle sei (Mis'kat II. p. 634)

— 15 —

Nur gegen das „böse Auge" — gegen welches Uebel Mohammed einen alten Hahn[13]) bei sich als Schutzmittel zärtlich pflegte (Rénan in Revue des deux mondes. Tome 12 p. 1075), da bereits der Talmud Mittel gegen das böse Auge vorschreibt (vgl. Berachoth 20a, 51a, 55b; Sota 36b; B. Mezia 84a, 107b; B. Batra 118b) — gestattete der Prophet Zaubermittel zu gebrauchen (Mis'kat II p. 377), obschon er sonst jegliches Zaubermittel —

Nun schrieb auch der Talmud vor, dass man gewärmte Gefässe an den Leib als Heilmittel lege, wesswegen Mohammed, abweichend von seiner sonst geäusserten, vielleicht gar aus fremden Kreisen entnommenen Meinung, dennoch dieses Mittel bei seinem Anhänger Asád, wenn auch ohne Erfolg, versuchte (Mnir ibid. p. 208), an die blutende Stelle eines Verwundeten eine heisse Platte mit Erfolg, als Heilmittel, hinlegte (Mis'kat II. p. 373), mit einem Pfeil eine Beule öffnete (Muir ibid. p. 480 Note 1), und an das Augenlied eines vom Schlaganfalle Betroffenen mit einer erbitzten Nadel, und zwar mit Erfolg, stechen liess (ibid. p. 476 Note 1).

[13]) Zur Erhärtung der Worte eines berühmten Lehrers im Mittelalter, der gegen den mit dem Hahn getriebenen Aberglauben heftig eifert: שהיו שוחטין תרנגול זקן לכפרה על הנער,
והותבין ראשו ותילין הראש בנוצתו בפתח הבית עם
שומים; והבלים הרבה שגראי בעיני כדרכי האמורי
ודחקתי על זה הרבה, ובחסד עליון נשמעו דברי שלא נשאר
מכל זה ומכיוצא כאלו בעירנו מאומה (שו"ת הרשב"א שצ"ו)
möge hier folgende Beleuchtung Platz finden: Es war ein höchst glückliches Zeichen, wenn die heiligen Hühner aus dem Käfig gingen, von dem Futter, welches man ihnen vorwarf, frassen, und von diesem etwas auf die Erde fallen liessen. Als ein sehr unglückliches Zeichen hingegen galt es, wenn die Hühner entweder nicht frassen oder zu entweichen suchten (Meiners: Historische Vergleichung etc. des Mittelalters II. S. 659). Man opferte dem Heiligen einen weissen Hahn, wenn man von einem gewissen endemischen Uebel an den Fingern befreit werden wollte (Meiners, ibid. II. S. 219 Anm.). Sokrates sagte unmittelbar vor seinem Tode: Wir sind dem Aesculap noch einen Hahn schuldig, opfert ihn ja und vergesst es nicht! (Meiners, Geschichte der Wissenschaften in Griechenland und Rom II. S. 514). Der Hahn war im ganzen Alterthum, seiner feurigen Natur wegen, ein Symbol der Sonne, als das Princip des Lichtes und alles Guten. Daher es in den ägyptischen Amuletten einen eigenen Genius mit dem Hahnenkopf gab. (Böttiger: kleine Schriften Bd. III. S. 461). Die Römer, welche die Hühner im Weine des dadurch bezweckten Wohlschmackes halber erstickten, liessen auch Hühner aus demselben Grunde castriren (Böttiger ibid. III. S. 221). Auch die heidnischen Araber opferten gewöhnlich einen Hahn (Zoroastre, Confucius et Mohamet par M. de Pastoret p. 461).

Ein Gaukler auf Madagascar hat, indem er einen Hahn mi den Knieen erstickte, vorgemacht, dass er den bösen Geist in Gestalt dieses Hahnes erwürgt habe (Histor. Magazin Bd. III. S. 763)

ausgenommen, wenn es nicht götzendienerisch sei (ibid. p. 375) — selbst um einen von einem Ginn Besessenen zu heilen (ibid. p. 377) verboten habe. Und ist dem Talmud etwa nicht Zauberei überhaupt mit Götzendienst identisch? (vgl. Synhedr. 67b; Sota 48b; Chulin 7b.) Und verpönt der Talmud etwa nicht auf's strengste alle sympathischen Kuren, mit denen Handlungen von Zauberei irgend welcher Art verbunden seien? (vgl. Synhedr. 101a; Schebuoth 15a). — Zu den von mir in meinem Werke: „Der Islam in den Traditionen" nachgewiesenen Uebertragungen gehört auch die Ueberlieferung, dass Mohammed ein gebrochenes Bein dadurch heilte, dass er seine Hand lediglich darauf legte und sagte: „strecke den Fuss aus" (Mis'kat II. p. 701); da schon ein Talmudlehrer auch einen Anderen dadurch von seinen Schmerzen befreite, dass er ihm lediglich die Hand zum Aufstehen reichte (Berachoth 6b). Noch mehr! Es scheint mir nun als gewiss, dass zuweilen die medicinischen Kenntnisse der Juden bei den unwissenden Arabern als Zaubermittel galten, weil sie den natürlichen Hergang für Wunderwerk hielten. So verbreitete sich bei der Ankunft des Propheten in Medina die Kunde, dass die Juden mittelst Zaubermittel die Unfruchtbarkeit bewerkstelligen (Muir ibid. p. 208), da nämlich die Juden aus dem Talmud (Sabbat 109b; Jebamoth 65b; vgl. Sota 22a) ein die Unfruchtbarkeit des Weibes bewirkendes Mittel gekannt haben mochten.

Wenn Mohammed gegen das Fieber etwas Erde von einem gewissen Orte, in Wasser aufgelöst, zum Trank und zum Waschen verordnete (Wüstenfeld: Geschichte der Stadt Medina S. XI. und Muir ibid. p. 478 u. Note 2), so scheint er ebenfalls nur seinen jüd. Mentoren gefolgt zu sein, da schon der Talmud der Erdschollen erwähnt, von welchen ein späterer gross gewordener Lehrer während seiner kümmerlichen Studienzeit sich ernährte (Rab. Gen. c. 42) und auch solcher, die als Heilmittel dienen Sabbat 113; Beza 35a; Nasir 42a) sowie derer, welche gegen hitzige Krankheiten zur Verwendung kommen (vgl. Sabbat 67a); und pflegte man ja von dem Grabe des Abba Areka Erdschollen als Heilmittel gegen Fieberhitze zu gebrauchen (Synhedr. 47b). Zwei von Mohammed gegen das Fieber angeordnete, geradezu entgegengesetzte Methoden finden, wenn gerade nicht in jüd. Schriften, doch in den damals herrschenden Ansichten ihre Begründung. Bald befahl Mohammed das Fieber mit Wasser zu vertreiben (Mis'kat I. p. 352; ibid. II. p. 374; Fundgruben I. S. 277) — wesshalb er auch in seiner letzten Krankheit sieben Schläuche kaltes Brunnenwasser über sich zu giessen befahl (Ibn Hischam II. S. 344) — bald verordnete er, es mit Feuer zu löschen (Fundgruben I. S. 299). Mohammed wandte nun diese beiden Methoden, wie sie, nach Wichelhausen (Ueber die Bäder des Alterthums etc S. 129) im siebenten Jahrhundert üblich waren, an, bald suchte man eine kühlende Methode anzuwenden, das Blut mit einer Fluth wässeriger Getränke zu verdünnen, zu kühlen, und zu reinigen, bald verfiel man in's andere Extrem, indem man die Kranken in ein von dem geringsten Zuge freier Luft wohl verwahrtes Zimmer sperrte, sie mit dicken Federbetten belastete und ihnen zugleich die hitzigsten, schweisstreibenden Arzneien gab, um den Krankheitsstoff durch die Poren der Haut wegzutreiben. Vielleicht waren diese beiden Methoden auch bei den arab. jüd. Aerzten in Anwendung, die Mohammed nach einander den Seinen anempfahl. Da nun der Talmud einen gewissen Samen als ein vorzügliches Heilmittel in vielen Krankheiten empfiehlt (Berachoth 44a, Aboda Sara 29b; Gittin 69b), so sagte auch Mohammed, dass ein gewisser schwarzer Samen gegen jeden Schmerz, nicht aber gegen den Tod Heilung biete (Mis'kat II. p. 374) und dass das Semen Melanthii ein sicheres Heilmittel wider das Fieber Sam, welches den Tod bringe (Fundgruben I. S. 305), sei.

Mohammeds Verordnung, dass, sobald ein Kranker Lust zu irgend einer Nahrung spüre, ihm dieselbe ohne Verzug zu reichen sei (Mis'kat I. p. 353), mag ihren Grund darin haben, dass der Eintritt des Appetit bei einem Kranken als ein Zeichen der Besserung angesehen werden darf, wie sich die Krisis des krank niederliegenden Sohnes des R. Gamaliel zum Besseren kund that, als der Kranke Lust zum Essen bekam (Jerusch. Berachot c. 5). Selbst jene Aussprüche des Mohammed, die einen weiten Blick in der Anatomie verrathen, selbst jene Kenntniss von der Entstehungsgeschichte des Menschen, die Mohammed bereits im Korân kurzweg beschrieben (Sura 23 v. 12—14), sind mittelst jüd. Einflusses dem Propheten zugänglich geworden. Jeder von euch, sagte Mohammed, bleibt im Bauche seiner Mutter vierzig Tage als Samentropfen liegen; dann wird geronnenes Blut daraus und dann ein Klumpen Fleisch; dann sendet Gott seinen Engel mit vier Worten, nämlich: O Herr! ein Samentröpfchen; o Herr, geronnenes Blut; o Herr, ein Fleisch-Klumpen; o Herr, ein Knabe oder ein Mädchen, glücklich oder unglücklich; dann bläst er ihm den Geist ein (Mis'kat I. p. 25; Fundgruben 1. S. 279). Hören wir nun die damit parallel laufenden talm. Weisungen: Während der ersten drei Tage nach der Empfängniss des Samens soll man dafür beten, dass die Empfängniss nicht unfruchtbar werde; nach diesen drei Tagen bis zum vierzigsten Tage, dass es ein Knabe oder ein Mädchen werde; von da an bis drei Monaten, dass das Kind nicht ungestaltet werde; von dieser Zeit bis sechs Monaten, dass es nicht eine Fehlgeburt werde; von da bis zum neunten Monat, dass das Kind glücklich zur Welt komme (Berachoth 60a; Tanchuma Par. Pekude c. 3 mit dem Zusatze: nicht aber ob fromm oder nicht). Ja, die Agada lässt einen Engel das Samentröpfchen Gott mit der Frage vorführen: ob es ein Held oder ein Schwächling, ein Weiser oder ein Narr, reich oder arm werde (Niddah 16a). Der Geist wird dem Kinde erst wenn es reif wird eingeblasen, welche Meinung R. Jehuda, der Sammler der Mischna, um des Kaisers Antonius willen umänderte (Synhedr. 91b; Jalkut Jiob 27 § 914). Da nun in jüd. Werken die Erkennungsmerkmale angegeben werden, durch welche man verschiedene Samen unterscheiden kann (vgl. Gittin 57a; Niddah 31b), wodurch man ferner die Aehnlichkeit des Kindes mit dem Vater oder mit der Mutter angeben könne (Sabbat 87a; vgl. Berachoth 51b; B. Mezia 79b), so mag sich Mohammed vielleicht danach gerichtet haben, wenn er angiebt, dass der Samen eines Mannes weiss und klebrig, der eines Weibes dünn und gelb sei; welcher Samen nun zuerst die Gebärmutter erreiche, dem werde das Kind ähnlich sein, dem Vater nämlich oder der Mutter (Mis'kat I. p. 99; ibid. II. p. 689). Da der Talmud verschiedene Blutarten angiebt (Jerusch. Niddah c. 2, 5; B. Mezia 83b), so liegt die Vermuthung nahe, dass Mohammed seine Angabe, dass, wenn das Blut von der Menstruation käme, es schwarz sei, wenn es aber eine andere Farbe habe, es von der Blutader herrühre (Mis'kat I. p. 125), aus jüd. Kreisen geschöpft habe. Allerdings finden sich medicinische Aussprüche des Mohammed, für welche sich keine talmud. Quellen nachweisen lassen. So verordnete Mohammed, ein zubereitetes Getränk zur Linderung der Melancholie (ibid. II. p. 319), für welche Verordnung noch eine Parallele im Talmud zu finden sei, demzufolge es einen Wassertrank „מי דקרים" genannt, gegen Melancholie wohl gebe (Jerusch. Berachoth c. 6). Ebenso lässt sich für Mohammed's Verfahren: beim Reiben seines von einem Skorpion gebissenen Fingers mit Salz und Wasser auch v. 114 von Sura 113 als Heilmittel herzusagen, die talm. Stelle (Jerusch. Sabbat c. 6, 1; Babli ibid. 67a) anführen, in denen verschiedene Gebete und Sprüche gegen Krankheiten augegeben werden. Auch Mohammeds Bestimmung, dass die beste Zeit zum Besuche eines Kranken die am hellen Tage sei (Mis'kat I. p. 353) rührt gewiss von dem talmud. Rathe her, dass man einen Kranken weder in den drei ersten Morgenstunden noch in den drei letzten Stunden des Tages besuchen solle, weil in den ersteren für den Kranken Linderung, in den letzteren aber Verschlimmerung eintrete, in welchen beiden Zeiten der Besucher über den wahren Zustand des Kranken getäuscht, seine Theilnahme verringert (Nedarim 41a). Hingegen fand ich für folgende medicinische Behauptungen, nicht einmal annäherungsweise eine entsprechende talmud. Parallelstelle, dass nämlich alle Krankheiten, mit Ausnahme des Aussatzes, vor welchem man wie vor einem Tiger zu fliehen habe, nicht ansteckend seien (Mis'kat II. p. 381), dass die Milchpflanze ein zu starkes Abführungsmittel sei (ibid. p. 375), dass Baumöl gegen Seitenstechen (ibid.), und der aus Erdschwämmen ausgedrückte Saft gegen Augenkrankheit Heilkraft besitze (ib. p. 379). Insbesondere verdient der folgende Vorwurf Mohammed's vom medicinischen Standpunkte volle Beachtung. Warum plaget ihr eure Kinder, indem ihr an deren Gaumen mit eurem Daumen reibet? Er verordnete, dass man bestimmte Heilmittel gegen das Seitenstechen und gegen die Bräune der Kinder anwende (ibid. II. p. 374); aber schon der Talmud betont die Gefahr, mit welcher die Bräune das Leben der Kinder bedrohe, wesswegen man an jedem Mittwoch Fasten anordnete, um das Ausbleiben der Bräune zu erflehen (Jerusch. Taanit c. 4). Allein, da die Arzneikunde hauptsächlich auf Erfahrung beruht, deren Mittel von Zeit zu Zeit wachsen und sich auch verändern, so mag sich allerdings manches Heilmittel bei den arab. Juden entwickelt haben, das nicht in deren Schriftthum drang, welches Mohammed doch auf mündlichem Wege erhascht und angewendet habe. Wenn es also erwiesen ist, dass Mohammed von den Juden entlehnte, so ist es in der Ordnung, dass er den Werth, den er der Medicin überhaupt und dem praktischen Arzte insbesondere beilegte, auch nach jüd. Aussprüchen gebildet habe. Er empfahl, den Arzt stets zu consultiren (Mis'kat II. p. 373), und als er einst die Brust eines Kranken untersuchte und die Krankheit als ein Herzleiden erklärte, rieth er dem Kranken, auch den Arzt N. N. zu befragen (ibid. p. 325), dem talm. Befehle nämlich gemäss, dass man an einem Orte nicht wohnen dürfe, wo kein Arzt sich befinde (Jerusch. Kidduschin c. 4, 12), und dass dem Arzte die völlige Berechtigung zur Heilung zustehe (B. Kama 85a; Mechilta ed. Friedmann S. 83). Mohammed gestattete dem Arzte, Belohnung für die Heilung zu nehmen — wie ausdrücklich ein späterer jüd. Lehrer lehrte (Sepher Chassidim § 295) — und nur jener Arzt begehe eine Sünde, der für seine Stümperei noch Bezahlung beanspruche (Mis'kat II. p. 53); dem talm. Ausspruche ungefähr gemäss, dass ein Arzt, der ohne Bezahlung heilen wolle, auch keinen Werth habe (B. Kama 85a). Mohammed gab sich auch selbst Mühe, ehe er seine Recepte verschrieb, das Wesen der Krankheit genau zu erspähen; er legte zu diesem Behufe seine Hand auf die Stirne des Kranken, um dessen innern körperlichen Zustand zu erforschen (Mis'kat II. p. 404) und sagte, dass der beste Arzt derjenige sei, der viele Erfahrung in der Ausübung seines Berufes habe (ibid. II. p. 467), wie es der Talmud längst so ausdrückt, dass selbst ein gelehrter Arzt, wenn ihm die gebührende Praxis abgehe, der Hölle werth sei (Jerusch. Kidduschin c. 4, 11).

Indessen stellte Mohammed selbst bei medicinischen Operationen seinen angeblichen Nimbus als Aushängeschild in den Vordergrund, wozu vielleicht jüd. Anschauungen beitrugen. Es ist nämlich eine alte und häufig wiederholte jüd. Ansicht, dass man seine Hülfe nicht unmittelbar von der Medicin allein erwarten und auf sie allein bauen dürfe, sondern mit der Zuversicht zu ihr auch sein Herz zu Gott im Gebete erheben müsse, und ein späterer Frommer lehrte, dass man jede Krankheit nicht etwa einer Speise oder einem Tranke, sondern der Fügung Gottes zuschreiben solle (Sepher Chassidim § 751). Diesen Gedanken festhaltend, bemerken bereits die Talmudlehrer, dass nicht etwa die kupferne Schlange an und für sich zu tödten oder wieder zu beleben vermochte, sondern: wenn Israel sein Herz Gott zuwandte, ward es geheilt, widrigenfalls wurde es leidend, bis endlich der Tod dem Leiden ein Ende machte (Rosch-Haschana 29a). In diesem Sinne sagte nun Mohammed, dass Gott keinen Schmerz veranlasse, ohne dass er nicht dafür schon von früherher ein Heilmittel geschaffen hätte (Mis'kat II. p. 375), welche Behauptung eigentlich dem Talmud angehört (vgl. Mohammed nach Talmud und Midrasch I. Abth. S. 13). Da nun schon der Talmud folgendes Gebet, welches man bei jeder Heilung zu verrichten habe, bestimmte: „Möge der Herr die Medicamente zum Heile segnen" (Berachoth 60b), so betete auch Mohammed beim Besuche eines Kranken für denselben, indem er ihn ermunterte, selbst Gott anzuflehen (Mis'kat I. p. 598; vgl. p. 341—42), welche letztere Belehrung wiederum offenbar dem Talmud entnommen ist, demzufolge ja das eigene Beten eines jeglichen Kranken für sich selber unvergleichlich vortheilhafter als das eines Andern für ihn sei (Rab. Gen. c. 53).

Aber bei seinem diesfallsigen humanitären Wirken verleugnete Mohammed nicht seinen prophetischen Charakter, indem er seine religiöse Skrupulosität auch bei deren Ausübung an den Tag legte. Daher ein Arzt, der einst den Propheten fragte, ob er Frösche in den Medicamenten als Heilmittel verwerthen dürfe, die Antwort von ihm erhielt, dass es nicht erlaubt sei, um der Medicin willen, Frösche zu tödten (Mis'kat II. p. 371). Diese Scrupulosität entspricht keineswegs dem Talmud, nach welchem man z. B. ein Vögelchen zum Heilmittel verwenden darf (vgl. Jerusch. Sabbat c. 9, 7), sondern jener übertriebenen Frömmigkeit, die sich scheute, Fliegen zu verbrennen, obschon sie sonst in Speis und Trank hineinfallen (Sepher Chassidim § 813; vgl. ibid. § 832).

Aus dieser reichhaltigen Gegenüberstellung ergiebt sich nun, dass Mohammed die Arzneikunde hochschätzte und selbst ausübte, dessen Beispiel die Moslime gewiss befolgten — da nicht allein schon zu Mohammeds Zeit eine arab. Familie eine geschickte Fertigkeit in Chirurgie besass (Muir ibid. p. 542), sondern auch Abu Bekr einen Leibarzt hatte (vgl. Chronique de Tabari III. p. 356) und ein Arzt war es ja, der den erdolchten Omar für unrettbar verloren erklärte (ibid. III. p. 532). Drum ist es höchst auffallend, dass eine der ersten Autoritäten in der gelehrten Welt des Islam im achten Jahrhundert mit Zögern daran ging, neben der aus dem Korân stammenden Wissenschaft des Rechts, welches die Geister gesund erhalte, auch die der Medicin, welche dem Wohlsein des Leibes diene, anzuerkennen (vgl. Hanneberg: Ueber das Schul- und Lehrwesen etc. S. 8).

IX.
Das Lob über Mohammed.

Da der Geschichtsforscher, ehe er zur übersichtlichen Schilderung einer Zeitperiode oder einer bedeutenden Persönlichkeit schreitet, sich zuvörderst selbst über die einzelnen Begebenheiten und besonderen Lebensphasen Rechenschaft abgeben muss, um aus den Quadersteinen der einzelnen Ergebnisse ein Gesammtgebäude aufzurichten, so verfuhr ich bis nun bei der Untersuchung der einzelnen Lehren Mohammed's, und wende ich mich jetzt zur Betrachtung des dem Mohammed gespendeten Lobes, der nicht selten fast bis zur Vergötterung ausgeschmückt und ausgemalt wurde. Ich halte Dies für eine Idealisirung, die nicht so sehr der Wirklichkeit als dem Streben entsprungen ward, einerseits seine persönlichen Fehler in Tugenden zu verwandeln, andererseits ihm neue Vorzüge anzudichten. Und diese beiden Arten der Idealisirung Mohammed's sind recht nach dem Vorbilde der Agada verfertigt und gestaltet worden; aus agadischer Werkstätte sind die bunten Farben geholt worden, mit denen Mohammed's Mängel übertüncht, wogegen fremde Vorzüge ihm zugeschrieben wurden. Wurden ja ägyptische, phönicische Götter- und Heroensagen, natürlich mit entsprechender im Geiste des Monotheismus vollzogener Veränderung, auf die Helden der jüd. Vorzeit übertragen, oder dienten sie ja zur Ausmalung der geheimnissvollen Erscheinungen des Lebens, welche ja die furchtbarsten Brutstätten von Mythen und Sagen sind (Güdemann: Religionsgeschichtliche Studien S. 5.). Ich betrachte nun zunächst die Art und Weise, wie man Mohammed's Mängel geradezu in Vorzüge zu verwandeln suchte; denn wahrlich, es verlohnt sich der Mühe, den reichen Mythenkranz zu entblättern, mit welchem Mohammed's Leben ausgestattet ist: Mohammed's Epilepsie nämlich wurde bekanntlich als der eigentliche Zustand angegeben, wann die Offenbarung wie das Läuten von Glöckchen eintrat, das für ihn sehr peinlich war (Sprenger I. S. 271—272. Vgl. meine Schrift: Aeussere Einflüsse auf Sage und Sitte in Israel S. 5.) Wie man nun Jemanden auch nur einreden konnte, dass die Offenbarung wie das Läuten von Glöckchen eintrat, ist dadurch erklärlich, weil schon die Agada diese Behauptung hinstellte, dass nämlich der heilige Geist, der über Simson kam, wie Glockengeläute ertönte (Sota. 9. 6; Rab. Levit. c. 5.) oder, wie eine Variante lautet, dass dann Simson's Haare, gleich Glöckchen weithin erschallten! (Jerusch. Sota. c. 1.) Diesen peinlichen Zustand verschönernd, schrieb man der Offenbarung die Ursache zu, dass des Propheten Haare grau wurden (W. Muir ibid. new. ed. p. 55 u. p. 495). Erst eben in Folge dieser Annahme, dass der Zustand der Offenbarung ein peinlicher und unzuträglicher sei, entstand und bildete sich die Vorstellung heraus, der zufolge die Schwäche der Propheten aus dem Unvermögen entstehe, die Offenbarung vollständig und „stehend" zu empfangen (Jalkut Chadasch S. 91a.). Es ward vielleicht desswegen hervorgehoben, dass Mohammed, wenn er eine frohe Botschaft verkündete, ein Gesicht wie ein Stück Mond hatte (Ibn-Hischam II. S. 272.), weil nämlich der Talmud bereits erzählte, dass, als der heilige Geist auf den Hohenpriester ruhte, dessen Antlitz gleich Flammen brannte (Rab. Levit. c. 21, vgl. Jalkut. Richter I. § 40). In dieser Auffassung wurde auch der Ausspruch gemünzt, dass, wenn ein Gottesdiener „vierzig" Jahre erreicht hat, er von drei Unglücken gerettet sei: von Wahnsinn, von Aussatz und von Elephantiasis (v. Hammer: die Geisterlehre etc. S. 20), womit nun gesagt sein will, dass Mohammed der bekanntlich das vierzigste Lebensjahr bereits überschritten hatte, als ihm Offenbarungen zu Theil wurden, von diesen Krankheiten also nicht mehr befallen sein konnte. Um nun diesen Kunstgriff mit dem Scheine der Glaubwürdigkeit zu umgeben, benutzte man jene talmud. Behauptung, der zufolge ein erheblicher Unterschied im menschlichen Lebensalter zu verzeichnen ist: zwischen der Zeit nämlich vor und der nach dem vierzigsten Jahre (vgl. Sabbat. 151b; Joma 38b; Aboda Sara. 5a; Abot. c. 5). Womit es auch zusammenhängen mag, dass gradezu die Zahl „vierzig" eine markirte Rolle in der Tradition spielt; wer nämlich „vierzig" den Glauben betreffende Ueberlieferungen die Völker lehrt, der habe den Lohn, der grössten Gesetzgelehrten im Himmel verdient. (Wiener Jahrbücher der Literatur Bd. 58. S. 29.) Dieser Verschönerungs-Sucht ist es auch zuzuschreiben, dass man Mohammed's kurz dauernden, aber offenkundigen Rückfall zum Götzendienste, — weil er sich natürlich aus politischer Berechnung zeitweilig zu solchen Concessionen gezwungen sah — gar im vorhinein in Abrede stellte, um damit nicht etwa ein Schatten von Charakterschwäche auftauchen zu lassen (W. Muir ibid. p. 594.) Daher lautet eine Tradition, dass niemals ein Prophet vor seiner Mission Götzendienst getrieben habe (Chronique de Tabari I. p. 236). Das im Umlauf verbreitete Gerücht, dass Mohammed in seiner Jugend mit dem Fortpflanzungstrieb nicht ganz tugendhaft war (vgl. mein Mohammed I. S. 19—20), suchte man eben dadurch zu verscheuchen, indem man grade ein lobspendes Gerücht geflissentlich als Gegensatz hinstellte, das Mohammed in seiner Jugend gradezu oft durch besondere, eigenthümliche Fügungen, und besondere Zufälle, vom Sündigen, wie durch ein Wunder, abgehalten wurde (Muir ibid. p. 19). Und dieses Gerücht mochte man umsomehr geglaubt und festgehalten haben, da auch von jüdischer Seite ähnlich erzählt ward, dass manche jüdische Lehrer von der Verwirrung durch sinnliche Leidenschaft, durch plötzlich eingetretene Zufälle ferngehalten wurden (vgl. Kidduschin 81a).

Ich schreite nun fort zur Betrachtung jener Ausmalung von Eigenschaften Mohammed's die im Grunde genommen, nur entlehnte Federn sind, um das Haupt des Islams mit ihnen zu schmücken:

So ist die Behauptung, dass Mohammed's Herz von den Engeln gespalten und gereinigt wurde, aus jüdischen Kreisen entsprungen, wie dies Dr. Steinschneider

(Maamar Hajichud von Maimûni S. 24, Anm. 46) bemerkte und selbst das Lob, dass Mohammed ein ganzes Volk aufwog (bei Sprenger I. S. 167) ist nur eine Uebertragung von dem Haupte Moses, da, der Agada zufolge, (Mechilta ed. Friedmann S. 34 vgl. auch ibid. S. 42.6) Moses allein das gesammte Volk aufwog! Vielleicht hob man es absichtlich hervor, dass Mohammed „beschnitten" geboren wurde, (Muir. ibid. p. 12. note), weil nämlich nach der Agada „dreizehn" biblische Persönlichkeiten „beschnitten" geboren wurden (vgl. Midrasch Psalm c. 9).

Obschon ich bereits (vgl. mein Mohammed I. S. 19 u. S. 25—26) die dem Mohammed zugeschriebenen Wunder auf das richtige Maass, nach dem man sie beurtheilen darf, gebracht habe, so trage ich doch noch Folgendes nach: Dass Mohammed den Mond gespalten haben soll, ist eine Nachbildung jener Erzählungen, denen zufolge auf eines Lehrers Zuruf, oder in Folge des Hinschleudern von Erdschollen gegen den Mond, gleichsam jenes Wunder bewirkt wurde, dass der Mond sich augenblicklich verbarg (Jerusch. Rosch-haschana. c. 5; Jalkut Bau § 191). Soll ja der tiberische See sich am Todestage des R. Chanina gespalten haben, bei dessen Lebzeiten sich dieser See häufig gespalten hatte, so oft nämlich dieser Lehrer nach Jerusalem um des Schaltjahres Bestimmungen willen zu gehen pflegte (Jerusch. Aboda-Sara c. 3), welches Kunststück übrigens ein Zauberer vor R. Josua längst ausgeführt hatte (vgl. Jerusch. Synhedr. c. 7,15). Dass die Moslime aber mit agadischen Erzählungen bekannt waren, beweist das Geschichtchen von jenem Vogel, welcher ein Ei legte, das auf dreizehn Städte herabfiel und dieselben allesammt zerstörte, da dieses Geschichtchen nicht allein im Namen eines Moslims (bei Goldziher in Kobak's Jeschurun B. VIII. S. 94) vielmehr schon im Namen eines Talmudlehrers, nur etwas verändert, erzählt wird (Berachoth 57b, vgl. L. Lewysohn: Die Zoologie des Talmud, S. 354). Schon Prideaux (la vie de Mohamet p. 59) wies nach, dass die Schilderung über Mohammed's Himmelfahrt geflissentliche Nachäffungen und Entstellungen aus jüdischen Erzählungen enthalte, wozu ich nun noch folgende Details hinzufüge: Nicht allein der Name des Thieres „Barak", auf welchem Mohammed seine Himmelfahrt bewerkstelligte, ist aus dem Talmud entlehnt, da dieser erzählt, dass der persische König sich dem R. Samuel erbot, dem zu erwartenden Messias sein vorzügliches Thier: Baraka (vgl. Targum Scheni von L Munk S. 35) zur Verfügung zu stellen (vgl. übrigens Chwolsohn: Die Sabier und der Sabismus II. S. 236), sondern selbst die an diesem Thiere sich knüpfenden Ausmalungen der Moslime sind der Agada entnommen worden. Dass nämlich dieser wunderbare „Baraka" dasselbe Thier sei, welches schon andere Propheten vor Mohammed getragen hatte (Ibn-Hischam I. S. 196), entspricht ungefähr der Agada, der zufolge der für den zu erwartenden Messias bestimmte Esel von einem Maudesel (vgl. Ibn-Rischam ibid. S. 196—197) stamme, welcher zur Zeit der Abenddämmerung am Rüsttage des Sabbat erschaffen war, auf welchem Abraham, als er seinen einzigen Sohn zu opfern im Begriffe war, und nach ihm Moses, ritt, und auf welchem einst der Sohn David's reiten wird (Jalkut Secharia c. 9. § 575).

Diese Verherrlichung Mohammed's steigert sich zur Vergötterung, obschon Mohammed selbst eingeschärft hatte: „Vergöttert mich nicht! nennt mich blos Diener und Gesandter Gottes!" (Ibn-Hischam. II. S. 351).

Dass Mohammed sein Todesjahr vorhersagte, weil Gabriel, der mit ihm alljährlich den ganzen Korân durchlas, in seinem Sterbejahre mit ihm denselben „zweimal" durchnahm, ist eine einfache Entlehnung aus der talm. Erzählung, welche lautet: dass R. Simeon, der Gerechte, ebenfalls sein Todesjahr dadurch erkannte, dass während sonst alljährlich, sowohl bei seinem Eingange, als auch bei seinem Herauskommen aus dem Heiligthume, ein in weissen Gewändern gehüllter Greis ihn begleitete, in diesem Jahre aber dieser Greis, als R. Simon herausging, wegblieb, und ihn nicht mehr begleitete (Jerusch. Joma c. 5; Pesikta ed. Buber S. 178a).

Dass man den Mohammed mit einem halben Tausend verschiedenen Namen belegte (Wiener Jahrbücher der Literatur B. 69, S. 58), dazu bot wahrscheinlich der talm. Bericht, dass nämlich Moses mit „zehn" verschiedenen Namen belegt war (Sota 12a. Rab. Levit. c. 1), hinlängliche Veranlassung dar. Richtig sagt nun Herr Hofrath v. Kremer (Aegypten S. 72), dass mit dem Namen des Propheten Abgötterei getrieben wurde. Doch bedarf dessen Annahme, dass der Zusatz zum

Gebet: „Gott segne den Propheten aus dem „achten" Jahrhundert der Flucht stamme (ibid S. 73), der Berichtigung, da diese Formel, als Zusatz zum Gebet, früheren Jahrhunderten angehört (vgl. mein Mohammed II. S. 28), worüber ich in meinem Werke: „Der Islam, in den Traditionen untersucht und beleuchtet", näher eingegangen bin. Allerdings müsste diese Verhimmlichung und Vergötterung Mohammed's in Flor gewesen sein, sodass sie zur Crassheit ausartete in dem Glauben, dass der Ort, wo einst Mohammed seine Predigten hielt, ein sehr heiliger sei, an welchem man Schwüre in Streitsachen abzulegen pflegte (Muir ibid p. 206). Dass man, als Busse, mehrere Tage ununterbrochen an einem Orte in der Moschee zu stehen hatte (ibid p. 327), erinnert an die noch im 16 Jahrhundert üblich gewesene Geisselung der Büsser in der Synagoge (vgl. Grätz: Geschichte der Juden X, Note I, S. IV).

Diese Ausartung aus der Verherrlichung zur Vergötterung fand nachher auch beim Imâm, als Stellvertreter des Propheten, statt. Wie nämlich der Stifter des Islam manche den Heiden neue Begriffe umschrieben, für andere aus den verwandten Dialecten entlehnt, nicht selten im Verlaufe der Zeit einen Begriff ferner entwickelt, aber dennoch den alten Ausdruck beibehalten hat (Sprenger, I S. 22), so verwandelte sich der Imam später in eine göttliche Persönlichkeit. Wie der Geist des Prophetenthums als ein von der Gottheit ausstrahlendes Licht angesehen wurde, das von einem Imâm zum Andern übergehe, so ward bald im Verlauf des überhandnehmenden Mysticismus — jeder Imâm gewissermassen ein Theil der Gottheit (Weil: Geschichte der Chalifen, II. S. 37), obschon Mohammed in schlichter Einfachheit gesagt: „Ich liebe die Weiber, esse Fleisch, faste und höre wieder zu fasten auf" (bei Sprenger, I. S. 389), und eingeschärft habe: „Saget von mir alles Löbliche, ausgenommen was die Christen von Jesu sagen, dass er Gott sei" (ibid III. S. 56 Anm. 1). Und wie der Dairi in Japan mit seinen Füssen die Erde nicht betreten darf, weswegen er immer getragen wird, dessen Antlitz die frei Luft und die Sonne nicht berühren, dessen Haare, Bart und Nägel nur im Schlafe geschnitten werden dürfen, alle ihm gereichten Speisen nur in neuen Geschirren gekocht und in neuen Schüsseln aufgetragen, diese dann sofort zerbrochen werden — wobei die griech.

und röm. Sitte nicht ausser Acht zu lassen ist, dass man,
ehe man ein Gefäss zum Hausgebrauch anwendete, Wein
hineingoss und diesen den Göttern am Heerde spendete,
um durch diese Lustration das Gefäss zu heiligen, also
eine Topfweihe stattfand (Böttiger: Idrun etc., I.
S. 120) — so wurde am Ende des siebenten Jahrhunderts bei den Arabern Jezid Ibn Siah als Heiliger
derart verehrt, dass das weisse wollene Gewand,
welches er trug, ganz schwarz geworden, weil alle
fromme Moslime sich zu ihm drängten, um es zu
küssen, oder auch nur zu berühren (Weil, ibid.
I. S. 350 Anm. 2). Allerdings mag die Agada: בשעה
שברא הקב"ה אדם הראשון בקשו מלאכי השרת לומר
לפניו קדוש (Jalkut Gen. § 21.) zur Vergötterung schon
beigetragen haben, weil nämlich der mystische Glaube
zugleich im Schwunge war, dass ein Licht von Adam
her über Mohammed leuchtete und von dem Propheten
von einem Imâm zum Aderen übergehe (vergl. Weil,
ibid. II. S. 37 und S. 102). Zur Verherrlichung des
Imâm wurden auch noch andere Agadas benützt. Da
sich nun die Agada des Ausdruckes bedient, 'als ob die
Sünde des Menschen ihn seiner eigenen Göttlichkeit
beraube, welche ihn sonst gegen alles Ungemach schützt
(Barachoth 32,6), und als ob kein Thier dem Menschen
ein Leid anzuthun vermag, so lange nämlich dieser
Letztere dem Erstern nicht als Seinesgleichen erscheine
(Sabbat 105b.), demgemäss bildete sich der Glaube,
dass der Imâm — welcher seinem irdischen Dasein
entrückt und gleichsam in einen heiligen Geist hinie-
den verwandelt wird — einen jeglichen Sünder verlässt, über dessen Haupt gleich einem Prachthimmel
schwebt, und erst dann zu ihm wiederkehrt, wenn der
Sünder das Böse verlässt (Mis'kat. I. p. 21). Gleich
den Juden nun, die von jeher den Geburts- und Todes-
Tag des Gesetzgebers Moses — da gar בשבת נפטר
משה רבינו (vgl. Or. Sarua II. 3.317; R. G. A. des R.
Meïr von Rothenberg; Ascheri zu Pesachim c. 10, § 13
und Abudraham Abschn. מנחה של שבת) — feierlich
begehen (vgl. Kidduschin 38b.), so reicht die Feier der
Geburt des Mohammed in die älteste Zeit hinauf (bei
Sprenger III. Vor. S. S. 54). Im Jahre 1538 wurde von
Murad III. ein besonderes Fest: Meulud zur Ehre der
Geburt des Propheten gestiftet (d'Ohsson ib. I. 422 ff.